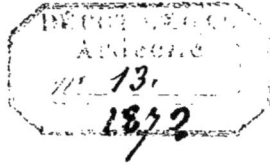

CAMPAGNE

DE LA GARDE MOBILE

DE LARDÈCHE.

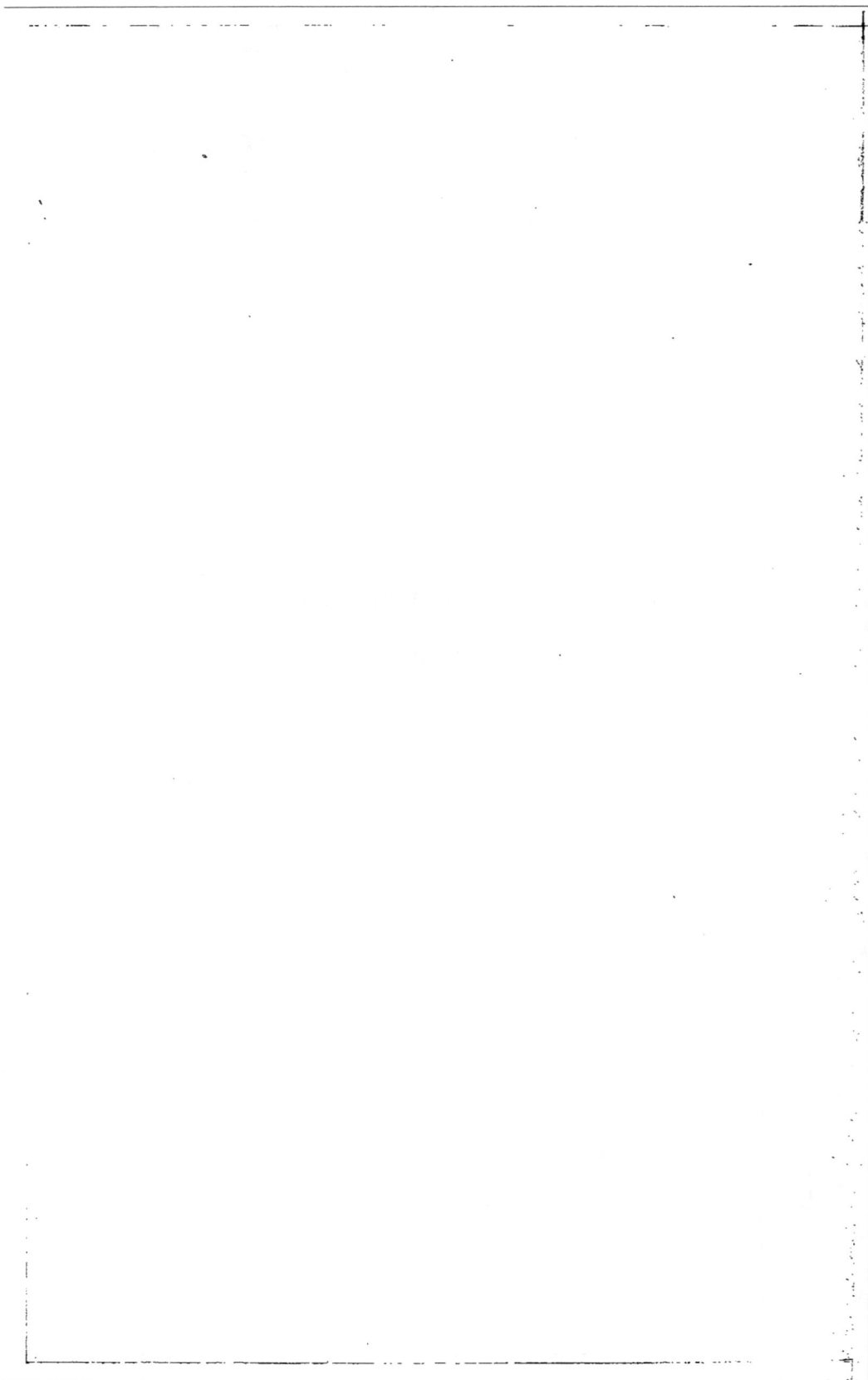

GUERRE DE 1870-1871.

CAMPAGNE

DE LA

GARDE MOBILE

DE L'ARDÈCHE

EN NORMANDIE.

Par le Lieutenant-Colonel THOMAS.

LARGENTIÈRE, IMPRIMERIE DE A. HERBIN.

1872.

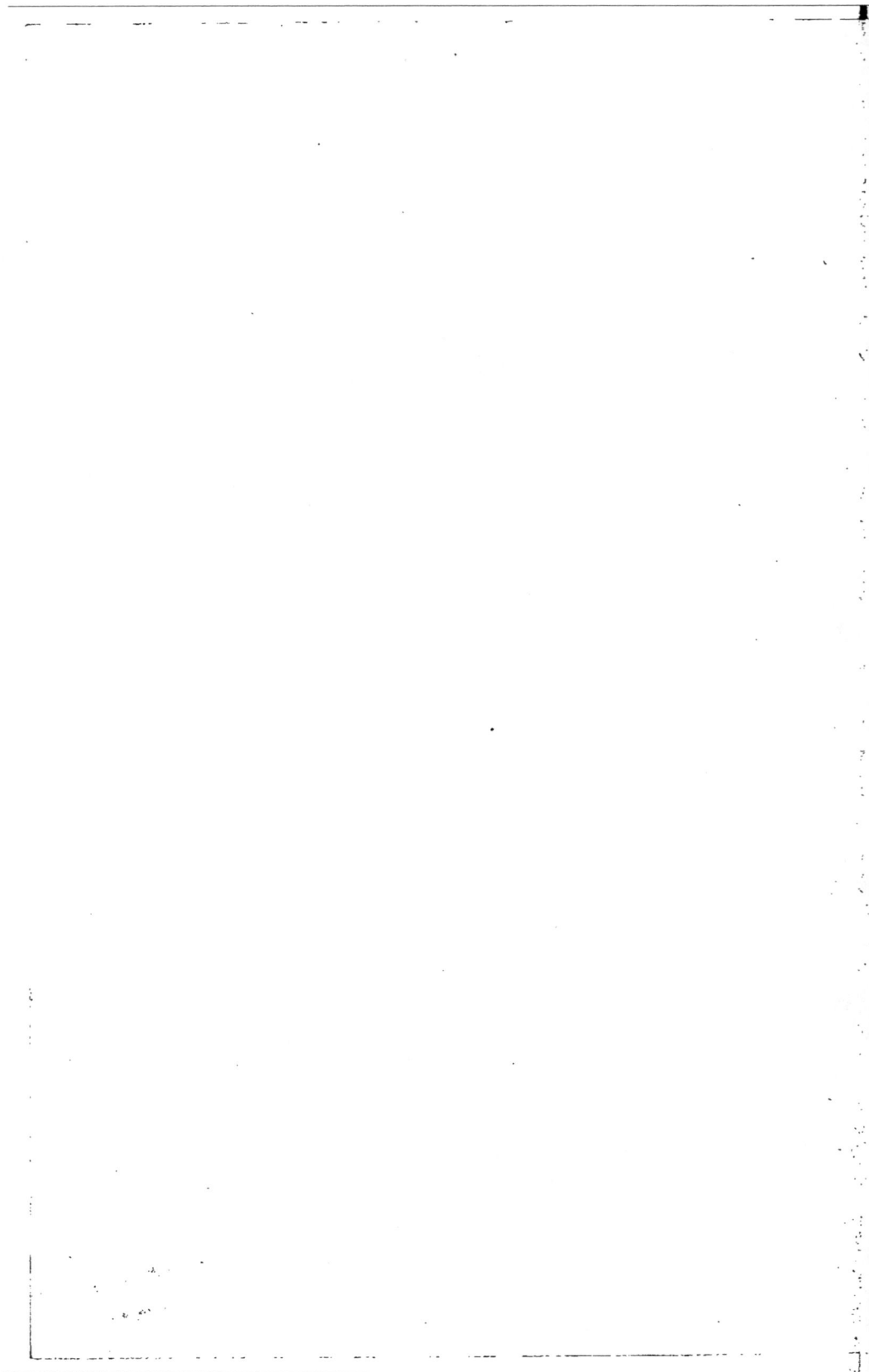

A MESSIEURS LES DÉPUTÉS DE L'ARDÈCHE

à l'Assemblée Nationale.

Messieurs,

En reconnaissance de la vive sollici-
tude que vous avez toujours eue pour
notre brave Mobile, veuillez me permet-
tre de vous dédier ce modeste travail. Il
contient le récit fidèle des faits d'armes
accomplis pendant la dernière campagne, par nos vaillants enfants de
l'Ardèche.

Vous y trouverez, j'ose l'espérer, la
complète justification des éloges qui ont
été prodigués en tous lieux à notre brave
Mobile et dont vous vous êtes, à juste
titre, montrés si fiers dans plusieurs

circontances, notamment à la tribune de l'Assemblée nationale et au sein de notre Conseil général.

Veuillez agréer, Messieurs les Députés, mes hommages les plus respectueux.

Le Lieutenant-Colonel Commandant la Mobile de l'Ardèche,

THOMAS.

GARDE NATIONALE MOBILE

———————————— ••◦◦◦•• ————————————

RÉCIT

DES OPÉRATIONS MILITAIRES

AUXQUELLES LA GARDE MOBILE A PRIS PART

PENDANT LA CAMPAGNE DE 1870-1871, CONTRE LES PRUSSIENS.

———————— •◦◦◦◦◦◦• ————————

La Garde Mobile de l'Ardèche, convoquée vers la fin du mois d'août 1870, fut organisée d'abord en trois bataillons correspondant chacun à l'un des trois arrondissements du département.

Le 1er Bataillon (arrondissement de Largentière), commandé par M. Thomas, capitaine du génie en retraite, officier de la Légion-d'Honneur, remplacé plus tard par M. le commandant de Guibert, se réunit à Privas le 23 août 1870.

Le 2me Bataillon (arrondissement de Privas), commandé par M. Bertrand, capitaine d'infanterie en retraite, chevalier de la Légion-d'Honneur, fut réuni en trois groupes dans les cantons principaux, le 5 septembre suivant.

Le 3me Bataillon (arrondissement de Tournon), commandé par **M.** de Montgolfier, capitaine de cavalerie, démissionnaire, chevalier de la Légion-d'Honneur, se réunit à Tournon et Annonay, le 12 du même mois (1).

Dans chaque bataillon, les premiers jours furent consacrés à l'organisation des cadres, à l'habillement, à l'équipement et à l'armement de la troupe. L'instruction militaire des cadres et de la troupe fut commencée en même temps et poussée avec la plus grande activité; elle donna dans l'espace d'un mois d'excellents résultats.

Les trois bataillons formés à 8 compagnies chacun, dont une devait rester au dépôt, furent organisés en régiment, sous le titre de 41e *régiment provisoire d'infanterie.*

Chaque bataillon de marche comprenait 7 compagnies, ayant chacune un effectif de : un capitaine, un lieutenant, un sous-lieutenant, et 172 sous-officiers et soldats.

L'effectif du bataillon était fixé à 1,200 hommes, soit 3,600 hommes pour le régiment.

Les 8es compagnies formèrent le dépôt, qui reçut tout l'excédant en hommes des trois bataillons.

M. Thomas, chef du 1er bataillon, ayant été nommé, par décret du 2 septembre, lieutenant-colonel commandant le régiment, fut remplacé dans le commandement de ce bataillon, par **M.** de Guibert, capitaine de cavalerie en retraite, chevalier de la Légion-d'Honneur.

---

(1) Il a été formé plus tard, avec les compagnies de dépôt, un 4e bataillon de Mobiles sous les ordres de M. le commandant Daval; mais il n'a pas pris part aux opérations des trois premiers bataillons, formés plus tard en régiment.

Dans le courant du mois de septembre, M. le ministre de la guerre, connaissant l'état d'avancement de l'organisation et de l'instruction des bataillons de la Mobile de l'Ardèche, ordonna qu'ils seraient dirigés aussitôt que possible sur le département de l'Eure, pour concourir à la défense de la Normandie.

Un médecin civil et un aumônier vinrent s'adjoindre volontairement à chacun des bataillons.

1er Bataillon. — Le premier bataillon, sous les ordres de M. le commandant de Guibert, partit de Privas par le chemin de fer, le 28 septembre 1870; le 30 du même mois, il arrivait à Evreux où il séjourna jusqu'au 2 octobre.

Du 3 au 17 octobre, ce bataillon, placé avec de la Mobile de l'Eure, sous les ordres du colonel Cassagne, commandant la subdivision territoriale à Evreux, fut presque constamment en marche dans le seul but d'observer l'armée prussienne qui se présentait sur divers points de la vallée de la Seine ou de la vallée de l'Eure, et l'empêcher d'envahir le département; mais le colonel Cassagne, cherchant toujours à éviter le moindre engagement, fit faire dans toute cette circonscription des mouvements désordonnés dont le seul résultat fut l'occupation momentanée de Pacy-sur-Eure par les prussiens et l'abandon d'Evreux, et par-dessus tout une fatigue extrême pour la troupe.

Le 17 octobre, le bataillon arrivait enfin à Gaillon où il stationna jusques au 3 novembre, n'ayant qu'à surveiller les rives de la Seine jusques à Vernon et occupant avec le 1er bataillon de la Mobile de l'Eure la forêt de Bizy, tandis que le 1er régiment des éclaireurs de la Seine, commandé par le colonel Mocquart, occupait la forêt de Rosny et le bois d'Hécourt, en avant de Pacy-sur-Eure, pour observer la garnison de Mantes, où les prussiens en possession de toute la rive droite de la Seine avaient leur quartier général.

Le 4 novembre, le 1er bataillon quittait Gaillon et Vernon, venait prendre position dans la forêt de Bizy, dont les hauteurs couvrent cette dernière ville, et, toujours concurremment avec les bataillons de l'Eure, étendait son occupation sur les villages de Notre-Dame-de-la-Mère, la Pointe-de-Jeufosse, Blaru, Douains, etc., pour observer les prussiens qui pouvaient déboucher de Mantes par Bonnières et s'emparer de Vernon, leur objectif. Ils avaient à Mantes une garnison de 2 à 3 mille hommes de toutes armes, avec huit à dix pièces de canon, et pouvaient facilement obtenir des renforts.

Le 20 novembre, sur l'ordre donné par le général de Kersalaün, commandant le département de l'Eure, le 1er bataillon de l'Ardèche, ainsi que les deux autres bataillons du régiment, et toutes les autres troupes qui protégeaient la vallée de l'Eure jusques à Ivry-la-Bataille, opérèrent un mouvement de retraite précipité sur Gaillon et Louviers.

Cette fâcheuse mesure était l'effet d'une panique qui s'était produite à Evreux, où le général de Kersalaün avait cru que les prussiens se portaient en force par Dreux et Anet, ce qui l'obligea à abandonner Evreux

et à venir nous rejoindre à Gaillon, où il présida lui-
même à l'embarquement rapide des troupes pour Louviers.

2ᵉ Bataillon. — Le deuxième bataillon (commandant Bertrand), fut réuni à Privas après le départ
du 1ᵉʳ bataillon, pour y compléter son organisation et
son instruction. Parti de Privas le 7 octobre, par les
voies ferrées, il arriva le 9 à Evreux où il séjourna jusques au 21.

Le 22 octobre, le bataillon fut dirigé sur Pacy-sur-
Eure et placé comme le premier bataillon sous les ordres
du colonel Mocquart, qui couvrait cette ville en occupant
le bois d'Hécourt, et qui le même jour en employa plusieurs compagnies à compléter sa ligne d'observation
contre Mantes. Il envoya ensuite tout le bataillon, le 24
au matin, occuper le bois de Garennes.

Le 26, le bataillon reçut l'ordre du colonel Mocquart
de quitter rapidement les positions qu'il occupait pour
marcher sur Ivry-la-Bataille, qui n'était gardé que par
deux compagnies du 3ᵉ bataillon et où l'ennemi s'était
présenté en force pour faire des réquisitions. A l'arrivée
des troupes, l'ennemi se replia sur Houdan où il avait
une bonne garnison d'infanterie, de cavalerie et d'artillerie.

Du 26 octobre au 20 novembre suivant, le 2ᵉ bataillon séjourna à Ivry-la-Bataille. Des compagnies furent
détachées à Garennes et à Ezy pour garder le passage
des ponts de l'Eure et arrêter les excursions journalières
des prussiens. Chaque jour de fortes reconnaissances de
une ou deux compagnies allaient explorer le terrain en

avant pour protéger les populations, mais avec ordre de ne pas s'établir au-delà de la rivière de l'Eure. Des rencontres d'éclaireurs ou d'avant-gardes ennemies eurent lieu fréquemment avec les nôtres; elles occasionnaient la perte de quelques hommes de part et d'autre.

Le 17 novembre, la première compagnie du bataillon, envoyée en reconnaissance dans la direction de Berchères, fut attaquée par une colonne prussienne composée d'environ 200 hulans, 300 fantassins et 2 pièces d'artillerie, qui venait faire des réquisitions dans les villages. Après un combat d'une heure, cette compagnie était obligée de se replier sur Ivry, après avoir mis environ 50 hommes hors de combat aux prussiens, qui requisitionnèrent huit voitures dans le village de Berchères pour emporter leurs morts et leurs blessés.

L'ennemi se retira à l'approche d'un renfort de 300 hommes, que le commandant Bertrand amenait sur les lieux au pas gymnastique. La 1re compagnie, qui s'était abritée dans un petit bois, se trouva ainsi dégagée après une sérieuse résistance dans laquelle elle avait perdu 2 hommes tués et 8 blessés restés au pouvoir de l'ennemi. (Un de ces derniers, qui vient de rentrer de captivité, avait reçu dix-sept coups de lance des hulans).

Pendant la période d'occupation d'Ivry-la-Bataille par le 2e bataillon, on a pu compter que les pertes de l'ennemi s'élevaient à 14 hommes tués dont 1 adjudant, 40 blessés et 4 prisonniers, plus 3 chevaux pris et 12 tués. Total, 58 hommes hors de combat et 15 chevaux.

3e Bataillon. — Le troisième bataillon, réuni, depuis quelques jours à Tournon, s'embarqua le 11 octobre sur le chemin de fer, à Tain, et arriva le 13 à Evreux.

Le 19 au soir, le bataillon reçut l'ordre de se rendre à Pacy-sur-Eure, pour renforcer le corps d'occupation du colonel Mocquart. Il se vit avant son départ dans la nécessité de reprendre, malgré leur mauvais état, ses anciens fusils à percussion, parce que les cartouches des fusils Snider qu'il avait déjà reçus en échange n'étaient pas encore arrivées.

Après deux jours de séjour à Pacy, le colonel Mocquart envoya, dans la nuit du, 22 deux compagnies du bataillon à Ivry-la-Bataille, pour occuper ce poste et défendre les passages des ponts de l'Eure, l'ennemi semblant diriger des forces de ce côté ou vers Anet et Dreux. Trois autres compagnies furent au point du jour dirigées sur le village d'Hécourt, en arrière du bois de ce nom, où était campé le régiment Mocquart. Une autre compagnie fut envoyée sur les hauteurs d'Aigleville pour surveiller la route de Mantes, et la dernière compagnie resta à Pacy, à la garde des bagages.

Telle était la position des trois bataillons de l'Ardèche, qui, avec les trois bataillons de l'Eure, le 6e bataillon de la Loire-Inférieure et le 1er régiment des éclaireurs de la Seine du colonel Mocquart, formaient sous le commandement de ce dernier un corps d'observation dans la vallée de l'Eure, depuis Vernon jusques à Ivry-la-Bataille. Ce corps avait pour mission d'empêcher les excursions et les déprédations de l'ennemi et de couvrir Evreux, dont toutes les administrations civiles et militaires s'é-taient depuis plusieurs jours retirées sur Bernay, laissant cette première ville complétement sans défense.

Le général de Lauriston, commandant le département du Calvados, avait un corps de troupe comprenant de la cavalerie et de l'artillerie qui occupait Dreux et Anet, et achevait de couvrir Evreux du côté de l'Est.

M. le général de Kersalaün venait de prendre le com-mandement de la subdivision de l'Eure. Il succédait au lieutenant-colonel du génie Rousseau, qui avait rem-placé pendant quelques jours seulement le colonel Cas-sagne, relevé de son commandement. Le général s'était adjoint le lieutenant-colonel Thomas, commandant le régiment des Mobiles de l'Ardèche, pour réinstaller à Evreux tous les services militaires qui avaient à tort abandonné la ville.

Depuis leur arrivée dans l'Eure jusques au 21 octobre, les trois bataillons de l'Ardèche, ainsi que les troupes du corps d'observation, n'avaient pas eu de rencontre sé-rieuse avec l'ennemi. Tous les jours chaque bataillon envoyait en avant des reconnaissances par compagnies entières ou de fortes patrouilles pour observer l'ennemi et empêcher ses réquisitions et ses exactions. Presque chaque jour aussi des rencontres avaient lieu entre les éclaireurs prussiens et les nôtres, et amenaient l'échange de quelques coups de fusils. Nos pertes, dans ces diffé-rentes rencontres, ont été presque nulles. Celles de l'ennemi ont été plus considérables, mais en définitive sans résultat marquant.

A cette époque, toutes les troupes étaient encore armées de l'ancien fusil à percussion. Les hommes n'avaient ni matériel de campement ni vêtements d'hiver. L'état de la chaussure était déplorable. Le temps s'était déjà montré à plusieurs reprises très rigoureux et les hommes souffraient beaucoup. Le service des vivres, qu'il fallait tirer en grande partie d'Evreux, était très-mal assuré; ceux des transports et des ambulances n'existaient même pas. Au milieu de ces difficultés et malgré toutes ces privations et toutes ces souffrances, les bataillons de l'Ardèche se montraient animés du meilleur esprit et donnaient à chaque instant les preuves d'une patience, d'une abnégation et d'un dévouement admirables.

Ils étaient commandés du reste par un excellent corps d'officiers, dont le zèle et le mérite, toujours à la hauteur de leur mission, ont été en toutes circonstances hautement appréciés.

Il est bon de faire remarquer également que le corps d'observation dont faisaient partie les bataillons de l'Ardèche, n'avait encore ni artillerie ni cavalerie; le colonel Mocquart avait seulement pu créer une dizaine de cavaliers éclaireurs, montés avec des chevaux pris à l'ennemi.

COMMENCEMENT DES HOSTILITÉS.

—

COMBAT D'HÉCOURT.

Le 22 octobre, le colonel Mocquart, pressentant quelques mouvements de la part des Prussiens de la garnison de Mantes qu'il surveillait de près, organisa avec
son régiment une forte reconnaissance pour aller explorer le terrain en avant, et qu'il avait déjà fait reconnaître de bonne heure par des éclaireurs à cheval. Trois
compagnies du 3me bataillon de l'Ardèche, fortes de 160
hommes chacune, sous les ordres du commandant de
Montgolfier, prirent part, un peu plus tard, à cette opé-
ration et se portèrent sur Hécourt, village en arrière du
bois de ce nom ` equel était campé le régiment
Mocquart, que ces trois compagnies rejoignirent à 11
heures. Les troupes furent alors formées en deux colonnes qui, dans leur marche, devaient exécuter chacune un demi-cercle et se rejoindre à Lonnoye, village
situé entre Mantes et le bois d'Hécourt. Les trois compagnies de l'Ardèche, divisées par sections, étaient placées par moitié dans chacune des colonnes.

A peine sorties du bois, nos colonnes furent attaquées
par les Prussiens de la garnison de Mantes, qui, de leur
côté, faisaient un grand mouvement offensif pour nous
surprendre dans nos positions. L'attaque fut des plus
vives, surtout de la part de l'artillerie ennemie, dont les

six pièces nous envoyèrent de nombreux obus. Plusieurs de nos hommes tombèrent tués ou blessés. Aussitôt nos compagnies furent déployées en tirailleurs, et, à l'abri des bois et des fourrés qui les couvraient, elles soutinrent un feu bien nourri contre l'ennemi qui fut arrêté dans sa marche et se borna à nous canonner de loin; enfin, toutes les troupes furent lancées au pas de course sur la batterie ennemie, qui se mit aussitôt en retraite et faillit être prise.

L'attaque des prussiens avait été très énergique, mais quoique supérieurs par leur nombre et surtout par leur artillerie et leur cavalerie (le tout présentant un effectif d'environ 2,000 hommes), ils prirent la fuite et furent poursuivis pendant plus d'une heure. Le colonel Mocquart, craignant alors d'exposer sa petite colonne en l'engageant trop en avant, fit sonner la retraite, et à quatre heures tout le monde était rentré au camp du bois d'Hécourt. Le bataillon de l'Ardèche avait eu 2 hommes tués et 7 blessés, dont 2 grièvement. Chacun avait fait bravement et résolûment son devoir; nos hommes avaient généralement déployé un entrain et une énergie remarquables chez des jeunes soldats non aguerris. Beaucoup d'entre eux s'étaient réellement distingués en s'élançant intrépidement à la baïonnette sur la batterie prussienne. Le général de Kersalaün vint en personne remercier d'une manière flatteuse les mobiles de l'Ardèche de leur brillant début.

Les prussiens eurent dans cette affaire environ 150 hommes tués ou blessés qu'ils purent enlever.

2

Les pertes des éclaireurs de la Seine, qui ne nous sont pas exactement connues, ont dû être à peu près égales aux nôtres, plus un de leur chef de bataillon, le commandant Guillaume, blessé à un bras et amputé le lendemain.

Le 12 novembre, le colonel Mocquart reçut l'ordre de partir avec son régiment pour le Hàvre. Il fut remplacé par le lieutenant-colonel Thomas des mobiles de l'Ardèche, qui prit le commandement du corps d'observation de la vallée de l'Eure, et fixa son centre de commandement à Aigleville, près Pacy.

Le corps d'occupation se composait alors des trois bataillons de la mobile de l'Ardèche, des trois bataillons de la mobile de l'Eure et du 6me bataillon de la mobile de la Seine-Inférieure, auxquels il faut ajouter la compagnie des francs-tireurs de Caen (capitaine Trément), et celle des francs-tireurs de Seine-et-Oise (capitaine Poulet-Langlet), qui, toutes deux, presque constamment adjointes aux bataillons de l'Ardèche, ont rendu, comme éclaireurs, pendant toute la durée de la campagne, de très-bons et très-utiles services.

L'armement, jusqu'alors si défectueux, fut enfin changé à Pacy ; toutes les troupes reçurent des fusils Snider, en remplacement des fusils à percussion, ce qui leur donna un surcroît de confiance remarquable.

Du 12 au 19 novembre, le corps d'observation conserva les mêmes positions qu'il occupait depuis Vernon jusqu'à Ivry-la-Bataille, et conformément aux ordres donnés contint les Prussiens au-delà de cette ligne, sans chercher à s'établir en avant d'une manière permanente.

Le 19 novembre, M. le général de Kersalaün, dans la persuasion qu'Evreux allait être attaqué immédiatement par un corps prussien considérable, qui lui était signalé comme venant de Dreux et Anet, et craignant que notre corps d'observation ne fut compromis, donna l'ordre au lieutenant-colonel Thomas de réunir sans retard toutes ses forces à Pacy et de se replier rapidement sur Gaillon, où il recevrait des instructions.

Le 20 novembre toutes les troupes arrivaient à Gaillon. Le général, qui nous y avait précédé, après avoir quitté Evreux laissé sans défense, les fit partir immédiatement par le chemin de fer pour Louviers et en surveilla lui-même l'embarquement à la gare. Il en fit de même, à Louviers et dirigea les troupes sur Beaumont-le-Roger et Bernay, dans le but de couvrir la grande gare de Serquigny et par conséquent le chemin de fer de Rouen, qui nous reliait encore avec le Nord de la France.

Le 21 novembre, le lieutenant-colonel arrivait à Louviers avec le dernier bataillon de sa colonne. Il y rencontra M. le général Briant, commandant la 2e division militaire à Rouen, qui prit le commandement des troupes en remplacement du général de Kersalaün auquel il reprocha d'avoir abandonné Evreux, dont les Prussiens s'étaient emparés sans coup férir, trouvant la ville sans défense, et les habitants tout préparés depuis longtemps à bien les accueillir.

Le général Briant fit arrêter l'embarquement des

troupes au chemin de fer et ordonna au lieutenant-colonel Thomas de réunir tout ce qui pouvait lui rester de ses bataillons de l'Ardèche et de se porter en arrière pour couvrir Vernon, qui devait être attaqué le lendemain matin par les prussiens; mais déjà le 1er bataillon et les trois premières compagnies du 2e bataillon étaient parties par le chemin de fer pour Beaumont-le-Roger.

COMBAT DE LA FORÊT DE BIZY.

Le 22 novembre, en exécution des ordres du général Briant, un train spécial de chemin de fer fut organisé pour transporter près de Vernon ce qui restait à Louviers des mobiles de l'Ardèche, c'est-à-dire les quatre compagnies du 2me bataillon et tout le 3me bataillon, formant un effectif total de 1,500 hommes.

Ce train partit de la gare de St-Pierre-Louviers le 21, à 11 heures du soir, pour Vernon. On marchait à petite vitesse et avec tous les feux de signaux éteints. Vers trois heures du matin, par une nuit obscure et pluvieuse, l'on arrivait à une lieue en avant de la ville. Aussitôt les troupes descendirent sur la voie et furent dirigées à droite sur les hauteurs de la forêt de Bizy, qui couvrent Vernon du côté de Pacy, où l'ennemi était arrivé en force depuis la veille.

Des habitants du pays nous guidèrent dans la forêt de Bizy et nous en firent connaître les routes principales en nous indiquant celles par lesquelles les prussiens devaient forcément passer, routes qui toutes étaient parfaitement connues de ces derniers, la forêt ayant été occupée précédemment par eux et fouillée en tous sens par leurs éclaireurs. Le lieutenant-colonel fit garder toutes les voies qui lui furent indiquées et surtout les deux principales conduisant de Vernon à Pacy et Evreux. Il les fit border de tirailleurs placés dans les fourrés à quelques mètres en arrière, avec défense d'ouvrir le feu sans ordre, et injonction expresse de garder le silence le plus absolu. Il fit en outre garder la grande route de Mantes à Vernon, à un kilomètre de l'entrée et de la sortie de la ville, en plaçant sur chacun de ces points une compagnie de 150 hommes pour arrêter l'ennemi s'il se présentait de ces côtés. Le commandant de Mongolfier, avec trois de ses compagnies, dut garder la route principale, et le commandant Bertrand fut chargé d'observer avec les quatre compagnies de son bataillons les hauteurs et défilés du Petit-Val et la grande route de Paris à la sortie sud de la ville.

L'intention du lieutenant-colonel était, en prenant ces dispositions, de laisser les prussiens franchir la forêt et même entrer dans la ville afin de pouvoir profiter ensuite de l'avantage de nos positions élevées pour les attaquer et les cerner dans Vernon, si cela était possible. Ces dispositions avaient en outre l'avantage de paralyser en grande partie l'action de l'artillerie ennemie en

l'amenant à se placer dans des positions désavanta-
geuses pour son tir.

Toutes ces mesures étaient prises au point du jour,
malgré une pluie continue, lorsque du côté de Pacy un
grand roulement de voitures nous annonça l'arrivée de
l'ennemi. A 7 heures et demie, on commença à entendre la sonnerie des trompettes prussiennes; une première avant-garde passa rapidement, suivie un quart
d'heure après d'une deuxième avant-garde de cent
hommes environ, cavaliers et fantassins. Le gros de la
troupe suivait à 300 mètres de distance, escortant quelques pièces d'artillerie et une cinquantaine de fourgons
ou chariots de toutes formes. Enfin une arrière-garde
de cavalerie et d'infanterie fermait la marche des prussiens, qui ne se doutaient nullement qu'ils passaient au
milieu de leurs ennemis. Leur passage dura près d'une
heure.

Ils croyaient cependant avoir bien pris leurs précau-
tions, car nous apprîmes plus tard que leurs éclaireurs
étaient déjà venus fouiller la forêt deux heures avant
notre arrivée, et n'y avaient trouvé personne.

Lorsque leur tête de colonne arriva à Vernon, où l'on
connaissait notre présence dans la forêt et autour de
la ville, les prussiens remarquèrent chez les habitants
une certaine assurance à laquelle ils n'étaient pas habi-
tués. Des gardes nationaux tirèrent quelques coups de
feu sur leurs hommes et il n'en fallut pas davantage pour
éveiller leur méfiance; aussi n'entrèrent-ils pas tous en
ville. La plus grande partie de leurs forces resta formée

au dehors; ils se mirent en quête de renseignements et surent par d'infâmes français, leurs espions, que nous étions dans la forêt. Les prussiens ne songèrent dès lors qu'à battre en retraite. Après avoir reconnu l'impossibilité de se retirer par la grande route de Paris, qu'ils avaient trouvé gardée aux deux extrémités de la ville et où ils avaient été reçus à coups de fusils par nos troupes, ils rentrèrent en ville tout affolés et durent chercher une issue à travers la forêt pour pouvoir échapper à une perte certaine. Leur cavalerie se porta immédiatement en avant pour explorer les passages et reconnaître ceux qui pourraient être libres. A force d'investigations, elle finit, guidée par les gardes de la forêt de Bizy, appartenant à M. Schikler, banquier, d'origine prussienne, par reconnaître divers petits chemins de service qui ne nous avaient pas été indiqués et que dès lors nous n'avions pu faire garder. Par ces chemins, les prussiens s'empressèrent de faire filer leur artillerie et une partie de leurs charriots escortés par leur cavalerie. En même temps, et pour protéger leur marche dans le bois, ils lancèrent leur infanterie sur notre centre pour nous contenir.

A l'arrivée de cette infanterie, nos troupes prirent l'offensive et une vive fusillade s'engagea de part et d'autre sur la grande route de la forêt, où les prussiens se présentaient en masse avec bon nombre de leurs voitures, dans l'intention de franchir le passage et retourner vers Pacy. La fusillade durait depuis une heure environ, toujours très-nourrie des deux côtés, lorsqu'enfin les prussiens se dispersèrent dans tous les sens à travers la forêt, et nous les poursuivîmes jusques à la lisière faisant face à Pacy. Dans ce sauve qui peut les prussiens reçurent encore bon nombre de coups de fusils et eurent beaucoup de tués et de blessés qu'ils purent enlever en se retirant, entre autres un officier supérieur.

L'ennemi, soit dans sa fuite effarée, soit dans la lutte, dut perdre environ 3 officiers et 150 soldats. Nous ne fîmes que 4 prisonniers.

De notre côté nous n'eûmes que 2 hommes tués et 6 blessés dont deux grièvement. M. le commandant de Mongolfier, qui s'était trouvé constamment au milieu du feu, eut son cheval tué sous lui presque à bout portant.

Les trois compagnies du 3e bataillon qui avaient pris part à l'action la plus sérieuse sous les ordres de ce brave officier supérieur, se conduisirent brillamment et ajoutèrent ainsi à la bonne réputation que la Mobile de l'Ardèche s'était déjà acquise dans l'Eure.

Malheureusement la concentration des quatre autres compagnies du 3e bataillon, qui avait été ordonnée par le colonel, ne put s'opérer à temps à cause de la difficulté des chemins, pour qu'elles pussent prendre part à l'action. Toutefois il était resté entre nos mains, outre plusieurs voitures de vivres brisées et abandonnées dans la forêt, douze fourgons attelés chacun de 4 chevaux et remplis de bagages, appartenant aux officiers ou à la troupe, des provisions de vivres et une grande quantité d'objets volés par l'ennemi dans diverses localités, tels que : pendules, montres, jouets d'enfants, vêtements de femmes, châles, cachemires, manchons, pièces d'étoffe en drap, bijouterie, outils, sacs d'argent, *thalers*, etc.; un petit canon qui était placé sur l'un des fourgons resta aussi en notre possession.

Toutes ces prises furent immédiatement dirigées sur Rouen où M. le général Briant, qui les avait réclamées après en avoir fait dresser l'inventaire par M. le maire de la ville, en présence de tous les consuls des puissances étrangères, les remit soit au Trésor, soit aux Domaines pour en opérer la vente. Mais les prussiens étant entrés à Rouen deux jours avant celui fixé pour cette vente, tous ces objets furent dispersés en ville ou attribués par le général à divers services militaires. Toutefois le régiment est en instance auprès de M. le ministre de la guerre pour obtenir la part de prise qui lui revient sur cet important butin, dont l'inventaire existe à l'intendance de Rouen.

Après la retraite de l'ennemi, la ville de Vernon fut occupée et gardée par les quatre compagnies du commandant Bertrand. Le 3ᵉ bataillon occupa les avenues de la forêt de Bizy pendant toute la journée du 22, dans la crainte de quelque retour offensif des prussiens, et ne descendit en ville que le soir, après avoir organisé une forte garde de nuit dans la forêt.

Ainsi la ville de Vernon se trouvait sauvée de l'occupation prussienne; aussi nos troupes furent-elles accueillies avec acclamations par tous les habitants.

Le lieutenant-colonel reçut le lendemain l'ordre du général Briant d'occuper fortement Vernon. Le 1ᵉʳ bataillon et les trois compagnies du 2e bataillon de l'Ardèche qui étaient restés en arrière arrivèrent dans la journée du 25 novembre. Les trois bataillons de l'Ardèche, réunis alors pour la première fois, présentaient un effectif de 3,400 hommes.

Le 23 novembre, dès le matin, le lieutenant-colonel organisa d'une manière complète la défense de la forêt de Bizy et de Vernon, avec le concours le plus empressé des gardes nationales de cette ville et des communes environnantes, et étendit au loin la surveillance des avant-postes du côté de Pacy et Mantes. Des espions soldés le tenaient au courant des mouvements de l'ennemi. M. le maire de Vernon et M. le colonel du Château, officier supérieur de marine en retraite, lui prêtèrent dans cette circonstance et pendant tout le temps de notre occupation de la ville, le concours le plus éclairé et le plus empressé.

Le colonel fit en outre occuper Vernonnet, sur la rive droite de la Seine, que l'on franchissait en bateaux, les deux ponts ayant été précédemment coupés par nous, et il prit ses dispositions contre un bombardement de la ville; bombardement possible de la rive droite de la Seine, d'où les prussiens l'avaient déjà entrepris une première fois un mois auparavant.

Il dut faire arrêter l'intendant du château de Bizy et les deux gardes de la forêt qui lui furent signalés comme étant de connivence avec les prussiens, qu'ils avaient eus à éberger une première fois, et leur avaient servi de guide pour s'échapper à travers la forêt, en quittant Vernon, où il ne leur restait plus qu'à se rendre. Mais un ordre du ministre de la guerre, arrivé le surlendemain, prescrivit au colonel de suspendre le jugement et l'exécution de ces infâmes espions, qui nous avaient fait manquer la prise de toute la colonne prussienne. Ils furent toutefois envoyés à Rouen, à la disposition de l'autorité militaire, pour être internés pendant la guerre.

Les journées des 24 et 25 novembre se passèrent sans aucun événement. Les prussiens rôdèrent sans cesse autour de la forêt de Bizy, mais ils furent constamment repoussés par nos avant-postes et nos reconnaissances. Des avis venus de plusieurs côtés nous firent connaître que Vernon serait de nouveau attaqué sous peu, soit par la forêt de Bizy, soit des hauteurs de Vernonnet. On se prépara donc à tout événement. Le service du chemin de fer, qui était interrompu, fut repris pour les besoins de la guerre, et nous mit en communication avec Gaillon et Louviers. Nous avions reçu un approvisionnement de réserve de cent mille cartouches.

COMBAT DE MOLLU.

Le 26 novembre, le 3e bataillon de l'Ardèche était de garde dans la forêt de Bizy et avait de forts avant-postes sur la lisière du bois du côté de Pacy, avec des sentinelles avancées se reliant de poste en poste.

Vers neuf heures du matin, toutes les troupes de la garnison de Mantes, composées en grande partie de bavarois, qui avaient reçu un renfort de troupes de leur garde royale, se présentèrent en force devant nos avant-postes et dirigèrent leur principale attaque sur le village de Mollu, situé sur une petite éminence, près Blaru.

L'artillerie ennemie canonna vigoureusement ce village, que nous n'abandonnâmes qu'après une défense de trois heures et lorsque ses projectiles y eurent mis le feu. Nos avant-postes qui s'étaient repliés sur la lisière de la forêt résistèrent énergiquement aux diverses attaques de l'ennemi par une fusillade des mieux nourries, qui lui causa beaucoup de mal, et ne se laissèrent entamer nulle part, bien que harcelés de tous côtés par la cavalerie. L'ennemi parvint à établir sur le plateau de Mollu une batterie de quatre pièces de campagne, dont les obus fouillaient la forêt dans tous les sens sans nous causer beaucoup de pertes.

Dès les premiers coups de canon, le lieutenant-colonel réunit à la hâte toutes ses réserves et les porta rapidement et sans sacs, avec un supplément de munitions, au secours des troupes attaquées. Une ambulance improvisée en ville devait suivre, et les habitants envoyèrent des provisions de vivres.. La municipalité de Vernon nous prêta en toutes choses le concours le plus empressé et le plus patriotique.

Au fur et à mesure de l'arrivée des renforts qu'il amenait, le lieutenant-colonel les distribua sur les points les plus faibles et surtout vers la droite, que l'ennemi menaçait déjà de tourner avec sa cavalerie. Le 3me bataillon, qui était de garde dans la forêt, avait fait une vigoureuse défense et conservé tous ses postes; mais la plupart des compagnies avaient usé toutes leurs cartouches qu'il fallut remplacer de suite. Pendant ce temps, deux des compagnies nouvellement arrivées (6e et 7e du 1er bataillon), ayant pris position devant le plateau de Mollu, du haut duquel l'ennemi nous canonnait, sortirent du bois et s'élancèrent à découvert et à la baïonnette sur la batterie ennemie, qui, voyant la vigueur de l'attaque et les renforts qui l'appuyaient, prit la fuite à travers champ dans une course des plus désordonnée. Dès lors, nous réoccupâmes la position de Mollu et nous poursuivîmes les prussiens, qui battirent en retraite de tous côtés. Ils perdirent un officier supérieur et environ 150 hommes qu'ils eurent, comme toujours, l'habileté d'enlever au fur et à mesure qu'ils tombaient.

Dans cette affaire, si glorieuse pour le régiment de la mobile de l'Ardèche, qui, cette fois, combattait en entier, nous eûmes la douleur de perdre deux de nos meilleurs officiers: M. le capitaine Rouveure, du 3ᵉ bataillon, ancien élève de l'école polytechnique, officier de marine démissionnaire, et le lieutenant Leydier, du 1ᵉʳ bataillon, tous deux pleins d'avenir et doués des plus brillantes qualités, tués au plus fort de l'action. Le sergent-major Belle fut blessé et fait prisonnier avec onze hommes en cherchant à arracher à l'ennemi le corps du capitaine Rouveure. Nous perdîmes en outre 8 hommes tués, 20 blessés et 14 prisonniers, y compris ceux désignés ci-dessus.

A partir de ce jour, les prussiens ne cherchèrent plus à forcer nos lignes; ils se contentèrent d'envoyer journellement des éclaireurs et des reconnaissances, qui échangeaient à de grandes distances quelques coups de fusil avec les nôtres. Les événements qui se passaient à Paris ou du côté de Rouen les avaient sans doute détournés de l'idée qu'ils avaient conçue de venir canonner Vernon, des hauteurs de la rive droite de la Seine. Nous n'en étions pas moins toujours sur le qui-vive et assez inquiets, car, nous trouvant à 35 kilomètres de Louviers, nous n'étions reliés à cette ville par aucun autre corps. Pour surcroît de faiblesse, nous n'avions encore aucune artillerie pour seconder nos efforts.

Les habitants de Vernon, à la rentrée de nos troupes dans la ville, les accueillirent avec les marques de sympathies les plus complètes et les plus enthousiastes. Ils distribuèrent avec profusion des effets de toute nature à ceux des hommes qui en étaient le plus dépourvus. Des honneurs funèbres pompeux furent rendus à nos chères victimes. Le corps du brave capitaine Rouveure, qui avait été enlevé par les prussiens, malgré la brillante résistance de ses hommes, avait déjà reçu des honneurs funèbres dans le camp prussien, concurremment avec l'officier bavarois tué par nous. Un discours prononcé par un général prussien avait rendu un éclatant hommage à la valeur des deux victimes. Son cercueil, orné d'une couronne de lauriers, nous fut rendu escorté par un détachement commandé par un jeune prince de Saxe, officier supérieur de cavalerie, et fut ensuite remis à sa famille avec toutes ses dépouilles.

Enfin, la ville, pour consacrer la belle défense de nos soldats, fit décréter par la municipalité qu'une avenue allant vers la forêt de Bizy prendrait à l'avenir le nom d'*Avenue de l'Ardèche*.

Le lendemain de cette journée, un bataillon de mobilisés de Lisieux et quatre petites pièces de canon en bronze, appartenant à la même ville, arrivèrent pour renforcer la garnison de Vernon, qui se trouva alors à l'abri d'un coup de main.

Une chaloupe canonnière, armée d'une pièce de fort calibre, fut envoyée de Rouen avec son équipage. Elle s'embossa sur la rive gauche de la Seine pour prendre d'écharpe et à longue portée les batteries que l'ennemi pourrait chercher à établir au-dessus de Vernonnet. Mais cette chaloupe, qui devait être bientôt suivie d'une seconde, fut rappelée à Rouen deux jours après.

La compagnie des francs-tireurs de Seine-et-Oise du capitaine Poulet, faisait le service des avant-postes au-dessus de Vernonnet, qui était occupé par une compagnie de l'Ardèche, et observait les mouvements de l'ennemi, ce qui complétait de ce côté la défense de la ville, avec laquelle on était relié par un service de bateaux.

Toute la garde nationale des environs était sous les armes et concourrait avec celle de Vernon à la défense du pays.

Le 5 décembre, le lieutenant-colonel reçut du commandant Gaude, qui avait remplacé le général de Kersalaün dans le commandement du département, l'ordre d'abandonner Vernon et de se replier avec toutes ses troupes, à marche forcée, sur Serquigny. Les événements survenus près de Rouen et d'Evreux, qui venaient de mettre ces deux places en la possession de l'ennemi, ne nous permettaient sans doute pas d'occuper Vernon plus longtemps, sous peine d'être enveloppés.

Le même jour, à 5 heures du soir, toutes les troupes de la garnison de Vernon, suivies des mobilisés du canton, furent dirigées sur Gaillon où elles firent une courte halte, et de là sur Louviers, où elles arrivèrent à trois heures du matin. On repartit à 6 heures pour le Neubourg, où le besoin de vivres et de repos obligèrent à coucher. Le bataillon des mobilisés de Louviers resta dans cette dernière ville avec son artillerie.

Le lendemain 7, la colonne arriva à Serquigny, d'où, suivant les ordres déjà donnés, plusieurs convois du chemin de fer la transportèrent à Lisieux, où elle fut parfaitement accueillie par les habitants.

Tout le matériel de guerre et les munitions appartenant à la colonne furent expédiés à notre suite par la même voie.

Le 10 décembre, un ordre du général de Lauriston, commandant supérieur des départements du Calvados et de l'Eure, envoya les trois bataillons de l'Ardèche à Pont-l'Evêque, pour mettre cette ville à l'abri d'une surprise de l'ennemi. Plusieurs légions de mobilisés du Calvados concouraient à cette défense.

Le 13 décembre, un nouvel ordre nous fit quitter Pont-l'Évêque, qui resta occupé par les mobilisés du Calvados ; nos trois bataillons furent envoyés à Bernay, où ils se trouvèrent placés sous les ordres de M. de Guillermy, officier supérieur de marine, commandant provisoirement le département de l'Eure, en remplacement du commandant Gaude, de la même arme.

Le 15 au soir, les trois bataillons arrivèrent à Bernay, et dès le 16 au matin ils étaient envoyés en observation le long de la vallée de la Risle ; deux bataillons furent cantonés à Aclou et un autre à St-Pierre-de-Salernes. Nos avant-postes observaient toute la vallée, et, avec les bataillons de l'Eure, protégeaient ainsi les deux villes de Brionne et Bernay.

Le 16 décembre au matin, le commandant supérieur de Guillermy, comptant sur une période de calme, avait pris quelques mesures pour améliorer l'organisation et l'instruction des troupes, mais dans l'après-midi la situation était bien changée. Il venait d'apprendre qu'un corps prussien de 15,000 hommes, avec 40 pièces de canon, se montrait sur la rive droite de la Risle, et que Brionne et Bernay devaient être attaqués le lendemain. Comme il n'avait pas de forces suffisantes pour résister aux masses prussiennes annoncées, il ne s'occupa, dans cette occurence, que des moyens d'opérer une retraite en bon ordre sur Lisieux, en abandonnant Brionne et Bernay à l'ennemi. Il envoya le colonel Thomas à Aclou pour juger la situation et prendre conseil des circonstances, en l'invitant de lui faire connaître les résolutions qu'il aurait prises, et lui indiquant, en cas de retraite, un point de jonction avec les troupes de Bernay en avant de Thiberville.

Le lieutenant-colonel se rendit de suite à Aclou où il arriva à la nuit; il trouva le commandant de Montgolfier commandant le 3e bataillon, qui lui fit connaître « qu'ayant reçu la veille l'ordre d'aller occuper Brionne, il s'était présenté dans la matinée devant la ville avec tout son bataillon, mais qu'il avait vu les hauteurs opposées fortement occupées par les prussiens, dont on lui avait laissé ignorer la présence sur ce point; qu'ayant envoyé son adjudant-major, M. le lieutenant de Tournon, sous les yeux et à portée des prussiens qui dominaient la ville, auprès de M. le maire de Brionne, pour obtenir des renseignements précis sur la situation, ce magistrat avait répondu que le corps prussien annoncé était en effet en marche sur la ville et que c'était l'avant-garde de ce corps que l'on apercevait. » Le commandant de Montgolfier avait de suite fait connaître par estafette cet état de choses à l'état-major général à Bernay et s'était retiré à Aclou, point culminant au dessus de Brionne, d'où il surveillait les mouvements de l'ennemi.

Dans cette situation critique, le lieutenant-colonel envoya immédiatement l'ordre au 2e bataillon, qui était détaché à St-Pierre-de-Salernes et se trouvait dans une position isolée très-dangereuse, de se replier rapidement sur Aclou, ce qui fut exécuté pendant la nuit.

Il réunit alors les chefs de bataillon ainsi que M. Tournon, lieutenant-adjudant-major, pour s'éclairer sur la situation. Dans cette conférence, il fut établi que si nous étions attaqués le lendemain par les prussiens, nous n'étions pas en force pour leur résister et les empêcher d'entrer en ville. Nous étions toujours sans cavalerie et n'avions pour toute artillerie que quatre petites pièces de 4, sans avant-train, montées deux à deux sur des charettes; qu'en outre le pays entre Aclou et Lisieux était complétement découvert et n'offrait aucune position favorable pour couvrir et assurer la retraite si elle devait se faire en combattant.

Le colonel ne partagea pas d'abord cette manière de voir; il désirait tout au moins conserver une attitude expectante jusqu'à l'approche de l'e nnemi. Il dut cependant se rendre l'avis contraire de ses chefs de bataillon et ordonna en conséquence la retraite des trois bataillons, avant le jour, pour éviter une poursuite en rase campagne qui aurait pu aboutir à une déroute complète, et communiqua cette résolution à M. le commandant supérieur à Bernay par une estafette partie à dix heures du soir.

De plus, vers minuit, un sergent-major, qui était resté
en arrière pour affaires de service, arriva à Aclou et fit
connaître qu'à Bernay on avait déjà tout disposé pour
la retraite; que les munitions et tous les approvisionne-
ments de guerre de la place étaient déjà chargés sur les
wagons du chemin de fer, même notre convoi de munitions et de bagages qui était à deux kilomètres en arrière de nous et qui avait reçu directement de l'état-
major général l'ordre de rentrer à Bernay, et qu'enfin
une partie des troupes était déjà sortie de la ville. En
présence de ces renseignements, si précis et si impor-
tants, nulle hésitation, nulle divergence d'opinion n'était
plus possible; il fallait rapidement battre en retraite, et
des ordres furent donnés en conséquence.

Le 17, à six heures du matin, les trois bataillons se
mirent en marche dans la direction de Thiberville pour
se joindre aux troupes venant de Bernay, ainsi que cela
avait été convenu la veille avec le commandant de Guillermy. Le lieutenant-colonel avait de bonne heure expé-
dié un nouveau courrier à Bernay pour prévenir de sa
marche en retraite. Les bataillons de l'Eure, postés sur
notre droite, suivirent notre mouvement.

A quelques kilomètres de Thiberville, le lieutenant-
colonel reçut diverses dépêches du commandant supérieur faisant connaître que l'ennemi, qui avait réellement paru en force au-dessus de Brionne, s'était retiré,
et lui ordonnait de s'arrêter à Thiberville. Il devait en
repartir le lendemain matin de bonne heure avec tous
les bataillons de l'Eure et de l'Ardèche qu'il avait sous

ses ordres et aller réoccuper toutes les positions abandonnées la veille.

Dès le lendemain matin, cet ordre était exécuté, et le lieutenant-colonel Thomas entrait à Brionne sans coup férir, à la tête du 2e bataillon de l'Ardèche, et faisait occuper fortement les hauteurs qui dominent la ville sur la rive droite de la Risle, que l'ennemi avait abandonnées le matin même.

Les renseignements fournis par M. le maire de Brionne firent connaître que le corps prussien qui s'était présenté la veille en avant de Brionne et avait envoyé des éclaireurs jusque dans la ville, devait en effet s'en emparer le lendemain, mais qu'il s'était retiré précipitamment pendant la nuit vers Rouen ou Paris. De sorte que pendant la journée de la veille nous nous étions trouvé marcher en retraite chacun de notre côté, en nous éloignant de Brionne, résultat qui ne se serait pas produit si nous avions eu des éclaireurs pour observer l'ennemi. Mais où prendre des éclaireurs? ils nous ont fait défaut pendant toute la campagne: les quelques gendarmes que nous avions n'ayant jamais voulu faire d'autre service que celui d'estafette. Un peloton du 12e chasseurs, qui avait été adjoint à notre colonne, nous fut retiré 24 heures après, sans raison plausible.

Pendant cette même journée du 17 décembre, une scène des plus regrettables avait lieu à Bernay. M. le commandant supérieur de Guillermy avait, de son côté, dès la veille et pendant toute la nuit, préparé l'abandon de la place et commencé dès le matin son mouvement de retraite pour venir nous rejoindre à Thiberville et Lisieux; mais au moment de monter à cheval sur la place de l'hôtel-de-ville, il en fut empêché par la foule mêlée à des gardes nationaux qui ne voulaient pas le laisser partir, et un de ces derniers lui tira deux coups de feu qui le blessèrent grièvement et empêchèrent son départ.

Pour justifier l'abandon de Bernay aux yeux de la population en fureur, l'état-major n'avait rien trouvé de mieux que de déclarer que cet abandon était déterminé par la retraite des troupes d'Aclou, tandis que cette retraite n'avait été décidée qu'en présence des préparatifs de départ organisés à Bernay et des ordres de se replier, envoyés à nos convois de munitions. Tout cela avait poussé l'irritation de la population jusqu'à vouer à la mort le colonel de la mobile de l'Ardèche et tous ses officiers supérieurs.

Bientôt après ces malentendus si regrettables et ce déplorable conflit, on apprit que l'ennemi s'était éloigné de Brionne et de Bernay. Des contr'ordres furent expédiés à toutes les troupes en retraite, et la situation reprit le lendemain son état normal, mais nous occupions en plus Brionne avec des forces suffisantes et quelques nouvelles pièces d'artillerie que nous venions de recevoir.

Cette artillerie consistait en une batterie de 4 pièces de 7, dites Armstrong, commandée par le capitaine Tiesson des mobilisés des Pyrénées-Orientales, et une batterie de 6 pièces de 4 des mobilisés du Calvados.

Ce même jour 17 décembre, le lieutenant-colonel Roy

des mobilisés du Calvados vint prendre le commandement des troupes de l'Eure. Peu de jours après, il était nommé général de brigade au titre auxiliaire, sous les ordres du général de Lauriston qui exerçait le commandement supérieur des départements du Calvados et de l'Eure, et résidait à Lisieux.

Dès que le général Roy fut entré en fonctions, il fit connaître que sa pensée était de chasser les prussiens du département de l'Eure et de les refouler au-delà de la Seine. Mais il se trouva tout d'abord en désaccord avec le général de Lauriston, qui voulait seulement conserver la vallée de la Risle comme ligne de défense, et ne pas s'aventurer au-delà avec les seules forces dont il disposait. A la suite de ce conflit, qui dut être porté devant le gouvernement de Bordeaux, le général de Lauriston fut relevé de son commandement supérieur des deux départements du Calvados et de l'Eure, et ce commandement fut donné au général Roy.

Dès le 26 décembre, le général Roy, poursuivant son idée de forcer les prussiens à évacuer l'Eure, fit, malgré l'infériorité de ses forces, porter ses troupes en avant, sur la ligne qui joint Routot, Bourgachard et Bourgtheroulde.

Les prussiens occupaient avec de fortes garnisons, en avant de Rouen, les villes d'Elbeuf et Grand-Couronne, et plus en avant encore de notre côté, Bourgachard et Bourgtheroulde. A notre approche, ils abandonnèrent ces derniers postes sans résistance.

Toutes les troupes du général Roy, formant un effectif d'environ 9,000 hommes, avaient été divisées en deux colonnes, pour les opérations ultérieures à accomplir. La première colonne, placée à gauche sous les ordres du lieutenant-colonel Thomas, était composée des 1er et 2e bataillons du régiment des mobiles de l'Ardèche, d'un bataillon des Landes (commandant Betat), et de 6 compagnies ou détachements de franc-tireurs. Elle avait pour toute artillerie une batterie de quatre pièces de 4 des mobiles des Côtes-du-Nord, et deux pièces de 7 dites Armstrong, ces deux dernières commandées par un adjudant.

La 2e colonne, à droite de la forêt de Lalonde, commandée, à partir du 1er janvier, par le commandant de Montgolfier du 3e bataillon de l'Ardèche, se composait : de son bataillon, dont il avait remis le commandement, pendant qu'il était retenu pour présider la cour martiale de la division, à son plus ancien capitaine M. Reboullet; de la moitié du bataillon des mobilisés de Louviers, commandant Goujon; de la compagnie des francs-tireurs de Caen, capitaine Trement, et de 4 pièces de 4 montées sur des charettes, commandées par le lieutenant Rabeille des mobiles des Côtes-du-Nord; les mobilisés de Louviers quittèrent la colonne le 2 janvier et reçurent une autre destination.

Les 1er et 2 janvier, la colonne fut augmentée successivement du 2e bataillon des mobiles de l'Eure, commandant Ferrus ; du 6e bataillon des mobiles de la Loire-Inférieure, commandé par le plus ancien capitaine en l'absence du commandant Manet ;

de la compagnie des francs-tireurs de Louviers, capitaine......; de celle de Seine-et-Oise, capitaine Poulet-
Langlet, et de 2 pièces Armstrong de 7 avec fourgons,
caissons et 40 chevaux, commandés par le capitaine
Tiesson, des mobiles des Pyrénées-Orientales. En tout
près de 4,000 hommes, moitié environ de la petite
armée du général Roy. Un autre bataillon des mobiles
des Landes se trouvait placé à l'extrême droite et occupait Caudebec-lès-Elbeuf, d'où il surveillait les mouvements de l'ennemi sur la Seine, mais il était indépen-
dant et correspondait directement avec le général.

Le 30 décembre matin, un nouveau mouvement en
avant, combiné entre les deux colonnes par le général
Roy, nous rendit maîtres des positions de la Bouille-sur-
Seine, Maison-Brûlée et Château-Robert, à gauche de la
forêt de la Londe.

De notre côté, deux bataillons partis de Bourgachard
devaient faire jonction à Maison-Brûlée avec le 2e bataillon de l'Eure, parti de Bougtheroulde, tandis que le 1er
bataillon de l'Eure de la 2e colonne, avec plusieurs compagnies de francs-tireurs, devaient s'emparer de la position du Château-Robert.

Ces deux postes furent occupés en effet, après une
faible résistance de la part des prussiens qui, surpris et
n'étant pas en force pour résister, se replièrent sur la
petite ville de Grand-Couronne, sur les bords de la Seine. Mais le poste du Château-Robert fut complètement
délaissé la nuit par les troupes qui s'en étaient emparé,
ne croyant sans doute pas à l'importance de l'occupation

de ce poste essentiel. On s'était contenté d'occuper le village des Moulineaux, situé sous Château-Robert, en avant de Grand-Couronne. Le commandant de Guibert du 1er bataillon de l'Ardèche, qui occupait Maison-Brûlée, s'étant aperçu, dans sa ronde de nuit, de cet abandon inexplicable, fit occuper Château-Robert par une forte compagnie du 1er bataillon des Landes, qui était arrivé dans l'après-midi, et la compagnie des francs-tireurs d'Evreux.

Le même jour, sur notre droite, la 2e colonne s'emparait de Lalonde, d'Orival, du pavillon d'Orival et des hauteurs environnantes dominant la Seine, refoulant les prussiens qui abandonnèrent aussi Elbeuf et se retirèrent sur Grand-Couronne, St-Ouen de la Londe et la gare du chemin de fer de l'autre côté de la Seine, après avoir fait sauter les ponts.

Le lendemain matin 31, le poste de Château-Robert fut repris par les prussiens, qui l'attaquèrent avec une colonne de 12 à 15 cents hommes du 41e régiment d'infanterie, venue de Grand-Couronne, qui descendit des hauteurs qui dominent la position du château et en dispersa les défenseurs, fit quelques prisonniers à la compagnie des Landes et aux francs-tireurs d'Evreux parmi lesquels se trouva le capitaine....., commandant cette dernière compagnie. L'attaque des prussiens était protégée par une deuxième colonne, avec de l'artillerie et de la cavalerie qui s'avançait dans la plaine sur le rivage des Moulineaux, occupé dès le matin par la 7e compagnie du 1er bataillon de l'Ardèche, qui avait relevé une compagnie de l'Eure.

Le capitaine Tournaire, qui commandait cette compagnie, se voyant presque enveloppé, se replia sur Château-Robert. En arrivant sur le plateau, il le trouva occupé par des prussiens qui fraternisaient avec des mobiles des Landes et échangeaient leurs coiffures. L'officier qui commandait les prussiens s'avança vers le capitaine Tournaire, lui offrit sa main, lui dit qu'il était son prisonnier et l'invita à lui remettre son sabre et à faire mettre bas les armes à sa troupe. Mais celui-ci voyait les choses autrement et voulait retenir prisonnier l'officier prussien. Ce quiproquo fut bientôt expliqué par les ordres que l'officier prussien venait de donner à sa troupe, qui reprenait les armes, et cette scène burlesque allait tourner au tragique. Le capitaine Tournaire, sur un signal de ralliement donné avec son sifflet, réunit immédiatement sa compagnie derrière les talus du château, où il fut poursuivi par des décharges de mousqueterie, et parvint sans trop de pertes à gagner la forêt et à se replier sur la réserve du bataillon, à Maison-Brûlée.

Le général Roy, qui était venu visiter nos positions en ce moment, ne put aller jusqu'à Château-Robert, déjà fortement occupé par l'ennemi; il donna des ordres pour la reprise immédiate de ce poste et s'en retourna à Bourgtheroulde où il avait son quartier général.

Le premier bataillon de l'Ardèche, sous les ordres du commandant de Guibert, avec le concours de deux compagnies de l'Eure, fut envoyé immédiatement pour reprendre ce poste, qui fut réoccupé après une résistance assez vive des prussiens et malgré l'appui qu'ils avaient d'une batterie de six pièces de 12, placée près de Grand-Couronne, et dont le tir prenait notre colonne d'écharpe. A partir de ce moment, Château-Robert fut constamment gardé par un bataillon de 1,000 hommes qui était relevé chaque jour. De forts avant-postes, placés sur les hauteurs environnantes et sur les bords de la Seine, observaient les mouvements de la garnison de Grand-Couronne et les routes de la forêt, et les compagnies de francs-tireurs exploraient le terrain le plus en avant possible.

Le même jour 31 décembre, la deuxième colonne, commandée d'abord par le commandant Goujon, blessé à la jambe au début de l'action, puis par le capitaine Reboullet en l'absence du commandant de Montgolfier, rentré le lendemain seulement, avait été attaquée également avec une grande vigueur et une persistance qui annonçait, de la part des prussiens, l'intention bien arrêtée de reprendre leurs positions ; mais grâces aux bonnes dispositions prises par ces deux chefs et à la vigilance de tous, la colonne ne put être entamée ; elle repoussa l'ennemi sur tous les points et conserva ses positions.

Dans les deux prises de possession de Château-Robert sur la gauche, des 30 et 31 décembre, et dans celle d'Orival et l'attaque du lendemain des mêmes jours, la première colonne n'eut qu'un homme tué, 2 blessés et 9 prisonniers, et la deuxième colonne 10 blessés dont un officier supérieur. L'ennemi perdit environ des deux côtés une soixantaine d'hommes tués ou blessés.

Pendant les journées des 1er, 2 et 3 janvier, un grand mouvement eut lieu à Grand-Couronne. Les prussiens prolongèrent et achevèrent une longue tranchée qui barrait la plaine et devait les protéger en cas d'attaque de notre côté, en même temps qu'elle leur servait de couvert pour communiquer avec la forêt de la Londe, dans laquelle ils devaient préparer des établissements et des cheminements pour nous attaquer. Tout faisait prévoir qu'ils se disposaient à venger bientôt leur double échec des 30 et 31 décembre, à Château-Robert et à Orival.

A la première colonne, le lieutenant-colonel Thomas, (ancien officier du génie) fit réquisitionner dans les campagnes des outils de terrassiers et fit couper et garnir d'abattis la route de Grand-Couronne, la seule par laquelle l'artillerie ennemie pût arriver ; il fit aussi garnir d'abattis celles suivant les crêtes de la forêt et fit creuser autour du plateau circulaire, sur lequel est assis le château, une tranchée, du parapet de laquelle on pourrait diriger sur l'ennemi des feux plongeants très-meurtriers. Enfin, il ordonna de fortes reconnaissances pour surveiller constamment les bords de la Seine, depuis la Bouille jusqu'à Bardouville et à Duclair, où l'ennemi semblait réunir des matériaux pour passer le fleuve.

Dans ce but, le premier bataillon, sous les ordres du commandant de Guibert, avec deux pièces de canon, fut envoyé le 1er janvier en reconnaissance dans cette direction, avec mission d'empêcher l'ennemi d'établir des ponts sur la Seine et de les détruire à tout prix s'il en existait. Le commandant fit donner l'ordre à tous les maires des communes riveraines de faire couler immédiatement leurs bateaux et d'interdire tout passage du fleuve aux habitants. Il n'y avait eu encore aucune tentative de passage; on apercevait seulement à la surface de l'eau, près de Duclair, la mature de quelques gros bateaux marchands que les prussiens avaient coulés à fond quelque temps auparavant.

Le commandant de Guibert fut informé dans la journée du 2 janvier, par une personne venant de Rouen, qu'une colonne prussienne, forte d'environ 12,000 hommes et 20 pièces de canon, venait de défiler sur le pont de la Seine et se dirigeait sur Grand-Couronne. Il apprit en outre à Bardouville qu'un corps de 2,000 cavaliers prussiens, qui occupait depuis longtemps le village de St-Georges, situé sur la rive droite, était parti subitement le matin pour Rouen.

Tous ces renseignements, transmis au lieutenant-colonel Thomas et au général Roy, éveillèrent leur méfiance sur une prochaine et sérieuse attaque de l'ennemi. Le général Roy ordonna la rentrée du premier bataillon de l'Ardèche à Maison-Brûlée, en ne conservant que deux compagnies le long de la Seine et deux pièces de canon.

Le 3 janvier, le capitaine Sugier, commandant ce dernier détachement, fit une reconnaissance du côté de Duclair où il aperçut l'ennemi faisant des préparatifs pour passsr la Seine. Une trentaine de bateaux étaient déjà amarrés à cet effet sur la rive, et deux officiers escortés par un détachement de cavalerie en surveillaient l'aménagement. Le capitaine, qui avait fait embusquer

sa troupe autant que possible, fit ouvrir un feu de tirailleurs sur cette troupe, à la suite duquel un officier et
deux cavaliers furent mis hors de combat.

Le commandant de la deuxième colonne avait pris de
son côté des dispositions analogues en faisant obstruer
toutes les routes par des abattis d'arbres et faisant créer
des épaulements sur le plateau d'Orival pour son artillerie; en établissant de tous côtés jusques à Elbeuf des
postes d'observation, et en envoyant sans cesse des reconnaissances dans toutes les directions.

Le général Roy avait son quartier général à Bourgtheroulde. Le colonel lui fit connaître toutes ses appréhensions et les dispositions qu'il avait prises pour la défense de ses positions et lui demandait un supplément
de munitions. De son côté, le général lui annonça les
2 et 3 janvier que des forces considérables se préparaient
à Rouen pour nous attaquer prochainement; il lui ordonnait en même temps de garder Château-Robert *à
tout prix et de ne pas reculer d'une semelle.* Il y avait
dès lors lieu de compter que le général s'occupait de
nous et qu'il satisferait à tous nos besoins en vivres,
munitions, service d'ambulance, etc., etc.; mais il n'en
fut absolument rien, il laissa notre colonne entièrement
livrée à elle-même et sans aucun lien avec celle d'Orival.

Le 3 janvier, le lieutenant-colonel visita les avant-
postes, fit augmenter et compléter les travaux de défense, et porta à 1,500 hommes la garde du Château-
Robert. Le 2e bataillon de l'Ardèche et un demi bataillon des Landes avaient pris le service le soir jusqu'au

lendemain. Le second demi-bataillon des Landes gardait les postes de Maison-Brûlée et des environs. A la nuit, le premier bataillon de l'Ardèche, descendant de la garde du château, était rentré dans les cantonnements de Saint-Ouen, un peu en arrière de Maison-Brûlée, et devait être sous les armes au point du jour pour être prêt à tout événement.

Les différentes compagnies de francs-tireurs qui avaient été adjointes à la colonne étaient aux postes d'observation qui leur avaient été assignés pour éviter toute surprise, et de nombreuses et fortes patrouilles de nuit exploraient tout le terrain en avant de nos positions, jusqu'aux avant-postes ennemis.

Depuis trois jours, les maires des communes environnantes avaient reçu l'injonction d'interdire jusqu'à nouvel avis toute sonnerie de cloches dans les villages, fermes et châteaux, qui ne devaient plus que répéter le tocsin, qui serait sonné par ordre pour appeler aux armes toutes les troupes cantonnées aux alentours et les habitants armés pour la défense commune. Les feux de bivouac, que les prussiens avaient entretenus pendant la nuit précédente sur les hauteurs de la forêt et qui décelaient des forces considérables, n'avaient pas été rallumés la nuit, malgré un froid de 15 à 18 degrés; mais la présence des avant-postes ennemis, dont un avait été surpris la veille, avait été bien constatée par les nôtres, qui redoublaient de vigilance. On s'attendait donc à être attaqué le lendemain matin, les prussiens n'ayant jamais pris l'offensive de nuit, au moins sur nos lignes, pendant toute la campagne.

COMBATS DE CHATEAU-ROBERT & MAISON-BRULÉE.

Le 4 janvier, vers 4 heures du matin, par une nuit des plus obscures et des plus froides et avec un sol couvert de neige, les prussiens, formés en quatre colonnes de trois à quatre mille hommes chacune, attaquèrent presque en même temps tous les avant-postes de Chateau-Robert. Le premier choc fut subi par les trois compagnies de grand'garde, placées sur la hauteur qui domine Château-Robert, au nord, du côté de Rouen. Le combat s'engagea d'abord avec la 1re compagnie du 2e bataillon de l'Ardèche, qui se trouvait la plus en avant dans la forêt de la Londe, et qui avait été mise en éveil par les sentinelles de son poste avancé. Ce poste, composé de 50 hommes, fut assailli par la fusillade d'une nombreuse infanterie prussienne, qui mit plusieurs de nos hommes hors de combat. La nuit devenait à chaque instant plus obscure, et, malgré cela, l'ennemi avançait toujours en masses de plus en plus considérables. Le poste avancé avait rejoint sa compagnie, qui résista un instant, mais fut forcée de se retirer en cédant le terrain pied à pied, et dut se replier sur les 2e et 3e compagnies de l'Ardèche, qui venaient déjà à son secours. Il y eut là un moment de pêle-mêle général dans lequel on ne se reconnaissait qu'à la lueur des coups de feu. La résistance de ces trois compagnies fut admirable, mais il leur fallut reculer devant les forces écrasantes qui les débordaient et se replier sur Château-Robert où était la réserve. La descente de la montagne était extrêmement rapide et rendue tellement glissante par l'effet de la neige et de la gelée, que ces compagnies perdirent beaucoup de monde en cet endroit, sous le feu plongeant de l'ennemi auquel elles ne pouvaient répondre; elles rallièrent enfin les défenseurs du Château.

Les autres compagnies du 2e bataillon, placées du côté du ravin du chemin de fer, étaient également attaquées avec fureur et forcées de se replier vers le Château ou vers Maison-Brulée, en ne cédant le terrain que pied à pied. La défense se concentra pendant longtemps sur le plateau du Château, qui fut attaqué à la fois par la colonne descendue de la forêt, par une autre colonne venant du ravin du chemin de fer, et par une troisième colonne qui remontait la pente partant du village des Moulineaux; cette dernière colonne fut accablée par le feu rasant des défenseurs du Château, placés derrière le parapet de la tranchée qui les abritait. Deux compagnies du bataillon des Landes, après avoir d'abord fait bonne contenance, furent bientôt ramenées par leur commandant, qui disparut entraînant à sa voix presque tout son bataillon, et ne reparut plus de la journée, excepté deux lieutenants et une centaine d'hommes qui nous rejoignirent dans la soirée à Bourgachard.

Le 2e bataillon de l'Ardèche continua pendant plus d'une heure la plus héroïque défense et ne céda le terrain qu'au moment où, dans un nouveau pêle-mêle effroyable où l'on combattait corps à corps, il se vit presque enveloppé. Le bataillon se retira enfin vers le carrefour de Maison-Brulée, où le colonel avait déjà réuni tout le 1er bataillon, qui avait couché à la Chouque et Saint-Ouen. Les compagnies s'arrêtèrent et se reformèrent pour essayer la défense de ce point. Il était à ce moment à peu près huit heures du matin, et c'est à peine si l'on y voyait assez pour distinguer nos hommes des ennemis. Cette circonstance empêcha la réserve d'ouvrir le feu pour protéger la retraite de nos troupes. Des compagnies qui avaient été envoyées en avant dans plusieurs directions pour soutenir la retraite de Château-Robert, dont la position était complétement perdue, venaient de rentrer avec les derniers hommes du 2e bataillon, après avoir subi des pertes considérables, surtout en officiers.

Des masses profondes de prussiens commencèrent à se présenter sur la grande route de Rouen et les avenues de la forêt. Le lieutenant-colonel, certain de la rentrée d'à peu près tout le monde encore valide, fit ouvrir par toutes ses troupes, sur les prussiens, un feu roulant qui leur causa énormément de mal, et joncha de leurs cadavres toutes les routes et surtout la grande chaussée, où les deux petites pièces de campagne que l'on venait de braquer dans cette direction, faisaient dans les rangs ennemis des trouées profondes, que l'on voyait se refermer aussitôt.

Le lieutenant-colonel fit placer les deux pièces Armstrong en batterie vis-à-vis une des grandes allées de la forêt, où paraissait l'ennemi ; mais ces pièces abandonnèrent lâchement le champ de bataille sans avoir seulement ouvert leur feu. La lutte se soutint néanmoins avec acharnement pendant près d'une heure; il était neuf heures du matin et le combat durait encore; mais nous étions menacés d'être tournés à droite, du côté de la route de Bourgtheroulde, où la première compagnie de 1er bataillon de l'Ardèche faillit être enveloppée et dont le capitaine venait d'être fait prisonnier, et du côté gauche par une forte colonne qui montait par la Bouille et avait refoulé la compagnie qui défendait ce point. Alors le lieutenant-colonel ordonna la retraite sur St-Ouen-de-Thouberville où les bataillons s'arrêtèrent et se reformèrent. Nous avions fait en officiers et soldats des pertes sensibles que nous ne pouvions encore bien apprécier, et nous avions perdu en outre nos deux petites pièces d'artillerie dont les canonniers et les chevaux avaient presque tous été tués. Une de ces pièces fut servie jusqu'au dernier moment par deux mobiles et un gendarme qui furent tués sur leur pièce.

A partir de ce moment, les prussiens cessèrent leur feu, et, au lieu de nous poursuivre, cherchèrent à s'établir solidement à Maison-Brûlée. Une suspension d'armes tacite sembla avoir lieu. Le lieutenant-colonel en profita pour envoyer chercher une batterie de 12 qui venait de lui être annoncée comme ayant couché la veille à Bourgachard, sous l'escorte d'un demi-bataillon de mobilisés du Calvados, et ne se pressait pas d'arriver au feu. Ce renfort n'arriva que vers onze heures à Saint-Ouen, où l'ennemi nous avait laissé jusque-là en repos, attendant sans doute son artillerie.

Le lieutenant-colonel fit alors reformer et déployer ses deux bataillons de l'Ardèche, auxquels on avait distribué les cartouches de réserve, et les plaça à droite et à gauche de la grande route; il fit mettre la batterie de 12 sur la grande route même, et disposa enfin toutes ses forces pour opérer un vigoureux retour offensif.

A son commandement, tout le monde fondit bravement et comme une avalanche sur Maison-Brûlée. Les prussiens, qui étaient au repos et occupés à relever leurs morts et leurs blessés, dont toutes les routes étaient encombrées, surpris par la vivacité de cette attaque, se replièrent en arrière de Maison-Brûlée. Un feu à volonté fut aussitôt que possible ouvert sur toute la ligne par nos mobiles, qui avançaient toujours en s'abritant de leur mieux derrière les haies, fossés ou clôtures, tandis que notre artillerie, qui n'avait pu mettre, faute d'espace, que quatre pièces en batterie, foudroya l'ennemi pendant une demi-heure sans qu'il osât avancer. Notre retour offensif fut si vigoureux que les prussiens crurent que nous avions, comme eux, reçu la veille de puissants renforts et qu'ils avaient affaire à la gauche de l'armée de la Loire. (Le roi de Prusse télégraphiait en effet le lendemain à la reine qu'il avait battu la gauche de l'armée de la Loire à Moulineaux, et lui avait fait perdre 12,000 hommes.)

Ce combat durait déjà depuis environ une heure, lorsque la formidable artillerie ennemie, dont l'arrivée avait été retardée jusque-là par la coupure de la grande route, entrant en ligne, nous cribla de mitraille et commença à jeter le trouble dans nos rangs, et les masses prussiennes, toujours croissantes, menaçaient de nous envelopper. Le colonel était en même temps prévenu de plusieurs côtés que la plupart des hommes avaient épuisé leurs cartouches. Dans cette occurence, il se résigna à cesser une lutte par trop inégale et qui ne nous laissait aucun espoir de succès, et, ne recevant en outre aucun ordre du général ni aucun renfort, il ordonna de nouveau la retraite derrière le village de St-Ouen que l'on venait de quitter, en s'abstenant surtout de toute batterie ou sonnerie, pour ne pas donner à l'ennemi éveil de notre retraite.

Cet ordre s'exécuta avec célérité à la simple voix du commandant ou au son des sifflets et des cornets dont tous les officiers étaient munis, et qui ont très-avantageusement remplacé, pendant toute la campagne, les tambours et clairons absents. Les bataillons furent réunis tant bien que mal et nous prîmes rapidement en phalanges, par bataillon, la route de Bourgachard, pour éviter la poursuite de l'artillerie et de la cavalerie ennemie qui ne tarda pas, en effet, à remarquer notre départ et à nous suivre timidement, mais d'assez près. Nous étions dans un pays complètement découvert et il nous importait extrêmement de trouver une ligne de retraite offrant des abris assurés.

Les deux compagnies du 1er bataillon, commandées par le capitaine Sugier, et les deux pièces de canon de service le long de la rive gauche de la Seine, avaient empêché plusieurs tentatives faites dans la matinée par les prussiens pour passer le fleuve, lorsque l'on s'aperçut qu'il venait d'être franchi en aval près de Duclair, et que l'on était tourné. Ces deux compagnies avaient fait une très-belle défense, et l'artillerie avait usé toutes ses munitions, lorsqu'elles reçurent l'ordre de battre en retraite sur Bourgachard. Elles avaient encore tué un officier de cavalerie et bon nombre d'hommes sur la rive opposée. Par d'habiles manœuvres de force, elles parvinrent à sauver leur deux pièces d'artillerie et à rejoindre, dans la soirée, leur bataillon à Routot, poursuivies de près par l'ennemi.

En arrivant à Bourgachard, le colonel fit promptement reformer les compagnies en bon ordre; il voulait laisser un peu de repos à la troupe qui avait grandement besoin de se ravitailler, mais la compagnie d'arrière-garde, laissée à l'entrée de Bourgachard, lui signala la présence de l'ennemi qui avançait et pouvait nous envelopper dans un clin d'œil. Craignant alors d'être coupé sur la route de Pont-Audemer, le colonel fit de suite continuer la retraite sur celle de Routot. Après avoir fait dans cette dernière localité une halte de une heure, dont tout le monde avait un si grand besoin, on prit la route de Pont-Audemer, que l'on savait encore libre. Les deux bataillons, bien affaiblis en nombre, arrivèrent à onze heures du soir dans cette ville et y passèrent quelques heures de la nuit.

Pendant cette après-midi, M. Fargier-Lagrange, chirurgien aide-major du 1er bataillon, avec le concours empressé du maire de Bourgachard, avait fait partir une soixantaine de malades ou blessés qui étaient à l'ambulance improvisée dans cette petite ville, et les avait ainsi sauvés des mains de l'ennemi, qui arriva bientôt après notre départ.

Nous ne trouvâmes aucune garnison à Pont-Audemer. Les mobilisés du Calvados qui l'occupaient l'avaient abandonnée à notre approche, croyant que c'était les prussiens qui arrivaient. Le colonel n'y rencontra qu'un seul officier, le capitaine adjudant-major Periller, de la 3e légion des mobilisés du Calvados; le capitaine l'engagea à quitter la ville, qui ne voulait et ne pouvait être défendue à raison des faibles ressources dont elle disposait et surtout à cause de sa mauvaise position stratégique au fond d'une étroite vallée.

Le lendemain, vers cinq heures du matin, ce même capitaine vint trouver le colonel pour le prévenir qu'il partait à l'instant avec une dizaine d'hommes qui lui restait, disant que l'ennemi, dont on avait entendu le canon pendant la nuit, ne pouvait être loin de la ville.

Aussitôt, le colonel fit réunir ses deux bataillons pour les mettre en état de défendre la ville, mais il les trouva dans le plus triste état. Les hommes manquaient de vivres, de chaussures, d'effets de campement, et ce qu'il y avait de pis c'est qu'il ne restait que quelques rares cartouches et que le tiers des fusils avaient les aiguilles cassées. Dans cette situation, il se décida à quitter Pont-Audemer où il ne restait aucune autorité

qui pût procurer les ressources les plus indispensables,
et on se rendit dans la même journée à Pont-l'Evêque,
rencontrant sur toute la route des bandes de mobilisés
du Calvados, en fuite.

En arrivant à Pont-l'Evêque, le 5 janvier, au soir, il
manquait aux deux bataillons 12 officiers et environ
500 hommes, dont une partie restée en route par suite
de blessures ou de fatigues, rejoignit la colonne le lendemain et le surlendemain, à Pont-l'Evêque.

On a pu plus tard résumer ainsi qu'il suit les pertes
que les 1er et 2e bataillons de l'Ardèche avaient éprou-
vées pendant la journée du 4 janvier :

Officiers.
- Blessés. 1
- Prisonniers ou disparus 7

8

Troupe.
- Tués 17
- Blessés 47
- Prisonniers ou disparus 152

216

224

Les pertes des prussiens ont été bien plus considérables que les nôtres. D'après les renseignements que
nous avons recueillis plus tard et à bonne source, à
Rouen, ils auraient avoué que la journée de Château-
Robert, qu'ils appelaient bataille des Moulineaux, était
pour leur armée une des plus néfastes de la campagne.

Ils y auraient perdu, savoir :

Officiers.

{

Le général en chef Saschs, blessé dans sa voiture sur l'avenue de Maison-Brûlée, par un éclat d'obus qui lui a enlevé la machoire inférieure, et mort deux jours après . . . 1

Officiers supérieurs dont trois colonels tués . . . 9

Officiers de tous grades, blessés et rentrés à Rouen, et dont la moitié sont morts dans le mois 60

} 70

Troupe.

{

1,500 hommes tués, dont 1,200 enterrés à Grand-Couronne et Maison-Brûlée 1,500

2,000 hommes blessés transportés à Rouen, où les hôpitaux et les ambulances se trouvaient insuffisants pour les recevoir. (Beaucoup de ces hommes sont morts et ont été enterrés par les prussiens en des en droits divers, pour dissimuler leurs pertes. . 2,000

} 3,500

Ces chiffres comprennent les pertes que les prussiens ont subies dans deux ou trois de leurs divisions qui se sont heurtées entre elles à Château-Robert. Le chiffre des tués, qui paraît exagéré comparativement à celui des blessés, tient à ce qu'on s'est battu longtemps corps à corps, et qu'alors tout les coups portaient.

La batterie de 12 des mobilisés du Calvados, avec son demi-bataillon d'escorte, commandée par le lieutenant-colonel Salles, avait quitté le combat à Maison-Brûlée, vers midi, après avoir dans les premiers moments fait croire à quelque solidité, et s'était retirée sur Honfleur sans en avoir reçu l'ordre. Ayant voulu faire une halte de nuit près de Rougemontier, elle fut attaquée par les prussiens qui l'avaient suivie jusque-là et lui enlevèrent deux canons.

Les deux pièces de 7 dites Armstrong, de la batterie des Pyrénées-Orientales, qui avaient pris la fuite à huit heures du matin, ne reparurent pas de toute la journée et ne rejoignirent la colonne que quelques jours après, à Brionne. La rapidité de leur course avait déterminé l'explosion d'un caisson qui, en sautant, tua ou blessa trois hommes et trois chevaux et mit une des deux pièces hors de service.

Le lieutenant-colonel avait télégraphié plusieurs fois dans la journée au général Roy, à Bourgtheroulde, son quartier général, pour lui faire connaître sa situation et lui demander ses ordres et l'envoi des munitions qu'il lui avait promises la veille, mais il n'obtint aucune réponse. On apprit plus tard que le général s'était retiré de bonne heure sur Brionne, sans s'être montré de toute la journée ni à l'une ni à l'autre des deux co-

lonnes, malgré la vivacité de la fusillade et de la canonnade, qui avaient dû forcément attirer son attention et
qui auraient dû l'obliger à venir de sa personne à notre
aide, ou tout au moins à nous envoyer des ordres. On
ne s'explique pas qu'il se soit retiré seul à Brionne, sans
s'inquiéter du sort des troupes engagées, alors que par
son ordre *elles devaient tenir jusqu'à la dernière
extrémité et ne pas reculer d'une semelle.*

COMBAT D'ORIVAL.

Pendant cette même journée du 4 janvier, la
2e colonne de notre corps d'observation, commandée
par le commandant de Mongolfier, qui était à droite de
la forêt de Lalonde et occupait la forte position d'Orival,
était aussi attaquée, mais plus tard que la 1re colonne.

Le commandant, entendant sur les quatre heures du
matin, vers la gauche, une violente fusillade, suivie plus
tard de coups de canon, fit prendre les armes à toutes
ses troupes, les concentra sur le plateau d'Orival, doubla
tous les avant-postes et dépêcha, dans le bois, pour re-
cueillir des renseignements, plusieurs coureurs, dont pas
un ne revint malgré la récompense promise, soit qu'ils
aient été pris par les prussiens, soit qu'ils eussent trouvé
la mission trop périlleuse.

A sept heures et demie, les bagages du bataillon de l'Ardèche, gardés par une section dans le village de Lalonde, à trois kilomètres en arrière de ses positions, furent attaqués par un corps de 5 à 600 prussiens détachés d'une colonne qui traversait la forêt pour aller s'emparer de Bourgtheroulde. Après une défense opiniâtre de la garde du convoi, aidée par les francs-tireurs de Seine-et-Oise qu'avaient attirés les premiers coups de fusils et qui perdirent dans cette circonstance un de leurs officiers, nos hommes cédèrent la place et rejoignirent le poste de la bergerie qui venait à leur secours au pas de course. A l'arrivée de ce renfort, les prussiens craignant ce retour offensif, avaient déjà quitté le village, emmenant une quarantaine de prisonniers et les voitures légères des bagages; le reste avait été abandonné. Les munitions de réserve et la solde du bataillon avaient pu être sauvées à temps, grâce à l'énergie de M. Lioud, officier-payeur. Plusieurs des nôtres avaient été tués ou blessés.

Le commandant n'avait aucune nouvelle de ce qui se passait sur la gauche, à Château-Robert, les communications ne pouvant avoir lieu que par Bourgtheroulde où était encore le général Roy. Il se borna donc à renforcer encore son poste de la Bergerie, le plus rapproché de la colonne de gauche, à faire éclairer au loin toutes les routes et à se tenir prêt à toute éventualité. Enfin une dépêche du général, qui lui parvint vers huit heures et demie, lui faisait connaître que Château-Robert et Maison-Brûlée avaient été repris par les prussiens et lui donnait l'ordre de se tenir prêt à faire un mouvement, mais d'attendre de nouvelles instructions.

Les prussiens commencèrent vers neuf heures du matin à attaquer sérieusement les avant-postes, tantôt d'un côté, tantôt de l'autre, pour trouver un point faible; mais malgré les forces qu'ils disposaient ils ne réussirent à les entamer nulle part, tant la résistance fut opiniâtre sur tous les points. Leur attaque principale fut dirigée sur les postes avoisinant Lalonde et sur ceux d'Orival; ils y furent successivement repoussés après avoir éprouvé des pertes sensibles.

Cette tentative, si vigoureuse qu'elle fut, n'étant pas renouvelée d'une manière sérieuse, le commandant de la colonne ne recevant plus ni ordres ni renseignements du général, fut porté à croire que l'ennemi avait dirigé son attaque principale sur Château-Robert, et que celle d'Orival n'était qu'une diversion pour paralyser les forces qui étaient de ce côté; que selon toute probabilité les prussiens voulaient lui couper ses communications avec Bourgtheroulde, l'isoler ainsi de la 1re colonne et le cerner complétement en faisant avancer par Pont-de-l'Arche et Elbeuf, une colonne devant se relier avec celle de Bourgtheroulde. Le bataillon des Landes posté à Caudebec-les-Elbeuf aurait pu gêner beaucoup ce mouvement, mais se trouvant isolé, sans ordres et craignant aussi d'être enveloppé, il s'était retiré, sans prévenir, vers deux ou trois heures de l'après-midi.

Des renseignements authentiques, fournis par M. le maire d'Elbeuf vers cinq heures du soir, firent connaître au commandant de Montgolfier que les prussiens s'étaient emparés, à neuf heures du matin, de Bourgtheroulde avec des troupes qui avaient dû traverser la forêt. Donc le mouvement tournant qu'il avait prévu était sur le point de s'achever.

Ainsi, le soir, la position de la colonne devenait des plus critiques, puisqu'elle était aux trois quarts cernée et ne recevait plus aucune nouvelle ni du général ni de la première colonne. Le commandant réunit alors en conseil ses différents chefs de bataillon et de service; il fut reconnu à l'unanimité qu'en présence des masses ennemies toujours croissantes, du mouvement tournant permis d'un côté par la prise de Château-Robert et de Bourgtheroulde et de l'autre par l'évacuation de Caudebec-lès-Elbeuf, et enfin de la très petite quantité de munitions restant à la suite des combats continuels de la journée et de ceux des 30 et 31 décembre, il n'était plus possible de compter sur un secours et par conséquent de conserver nos positions; que dès lors il fallait profiter de la nuit pour tenter une retraite et sauver, si cela était possible, la colonne qui devait infailliblement être prise ou écrasée le lendemain. Le chemin vicinal allant d'Elbeuf au Gros-Theil fut choisi comme ayant le plus de chance d'être libre encore.

A la suite de cette décision, ordre fut envoyé à tous les avant-postes de se mettre en marche de manière à être réunis à onze heures trois quarts sur l'avenue du pavillon d'Orival, après avoir allumé, dans les postes abandonnés, de grands feux de bivouac pour tromper l'ennemi.

La réunion eut lieu exactement suivant les instructions données, et la colonne se mit en route à minuit au complet et en bon ordre, précédée et suivie de fortes gardes et s'éclairant sur ses flancs. L'artillerie avait été placée au centre de la colonne.

Le froid était des plus vifs (18 degrés au-dessous de zéro) et la marche fut rapide. A six heures du matin, la 2e colonne atteignait le Gros-Theil sans avoir été inquiétée par l'ennemi, et, après une halte d'un peu plus d'une heure, elle repartait pour Brionne où elle arriva à midi, le 5 janvier. Une vive canonnade avait été entendue peu de temps avant notre arrivée au Gros-Theil, du côté d'Orival.

En effet, les renseignements recueillis après coup nous apprirent que le même jour, à quatre heures du matin, l'ennemi, démasquant des batteries établies de l'autre côté de la Seine à la faveur du brouillard, et nous croyant encore dans nos positions, couvri d'obus pendant plus de deux heures le plateau d'Orival, l'escaladait ensuite en grandes masses vers neuf heures et s'y établissait définitivement à midi, confus de ne pas avoir atteint le but qu'il s'était proposé. Ainsi se réalisaient toutes les appréhensions faites la veille dans le conseil qui avait regardé la retraite comme le seul moyen de sauver d'une perte certaine 4,000 hommes, une artillerie et un matériel qui pouvaient encore rendre des services à la France.

La 2e colonne avait eu, dans la journée du 4, trois tués, dont un officier de francs-tireurs de Seine-et-Oise, une quinzaine de blessés dont un capitaine des mobiles de l'Eure, M. de Bonnechose, et une cinquantaine de prisonniers. Le 3e bataillon de l'Ardèche avait eu, dans ces nombres, pour sa part, 2 tués, 2 blessés et 45 prisonniers.

Les prussiens avaient perdu une quinzaine de tués, dont un officier, et 2 à 300 blessés.

Le général Roy parut très-satisfait de voir rentrer cette deuxième colonne, dont il n'avait plus de nouvelles et qu'il croyait perdue, et félicita le commandant de Montgolfier de son heureuse retraite. Le général s'était retiré à Brionne le matin du 4 janvier, et avait quitté Bourgtheroulde qui ne pouvait qu'être faiblement défendu par le peu de monde qui s'y trouvait. Il avait envoyé depuis la veille treize estafettes au commandant de la 2e colonne pour lui porter des instructions diverses et l'ordre de battre en retraite, mais aucune n'avait pu passer les lignes ennemies et arriver à destination. Ainsi, ni la première colonne, ni la deuxième ne purent recevoir de communication de sa part, pendant toute la journée et la nuit suivante.

Résumons à présent les péripéties de cette mémorable action du 4 janvier, si rude pour la première colonne et surtout pour les deux premiers bataillons de l'Ardèche, qui ont eu l'honneur de cette journée, en soutenant presque seuls les efforts de quinze à seize mille hommes secondés par une puissante artillerie.

5

Disons d'abord que la position que le général avait osé prendre si près de Rouen était trop aventurée, et qu'il ne lui était guère permis d'aller braver les prussiens presque aux portes de cette ville, où on leur connaissait une garnison d'au moins 15,000 hommes, avec une nombreuse artillerie. L'effectif total de nos deux colonnes n'allait pas au-delà de 9,000 hommes, et nous étions trop mal pourvus en effets de toute nature pour tenter quoi que ce fût de ce côté, par un froid des plus rigoureux et sur un sol couvert de neige. Nous n'avions qu'une très-faible artillerie et pas de réserve de cartouches pour l'infanterie. De plus, les vivres manquaient presque totalement dans le pays, qui avait été occupé et fortement réquisitionné quelques jours auparavant par l'ennemi.

Il était aussi plus que téméraire de penser que les prussiens, après leur échec du Château-Robert et d'Orival, nous laisseraient tranquilles contrairement à leurs habitudes de vengeance. Le général n'ignorait ni ces sentiments de l'ennemi, ni les dispositions qu'il prenait pour nous attaquer en force, mais il n'en persistât pas moins à vouloir leur résister et il ordonna au lieutenant-colonel Thomas, dans deux dépêches, *de résister à outrance et de ne pas reculer d'une semelle*. Il le prévenait en même temps qu'il devait être attaqué le lendemain matin; mais, comme nous l'avons dit, nous ne le fûmes qu'à une heure très-matinale (4 heures), contrairement aux habitudes des prussiens, qui ne parvinrent cependant pas à nous surprendre, ce qu'ils n'ont, du reste, jamais fait dans aucune circonstance.

Les renseignements recueillis postérieurement nous ont fait connaître que de leur côté les prussiens avaient pris, dès le 1er janvier, leurs dispositions pour venger leur double échec des 30 et 31 décembre, à Château-Robert et à Orival. Pour cette expédition, la garnison de Rouen ne leur avait pas paru suffisante; ils avaient encore appelé 10,000 hommes d'Amiens, qu'ils occupaient depuis quelques jours. C'est donc avec 25,000 hommes environ et au moins 40 pièces de canon qu'ils quittèrent Rouen le 3 janvier au soir pour venir prendre position vis-à-vis de nous. Nos officiers fait prisonniers le matin et emmenés à Grand-Couronne purent évaluer à ces chiffres ce grand développement des forces prussiennes qui leur fit présager notre complète déroute.

D'après les événements qui se sont passés pendant la journée du 4 janvier, il est évident que les prussiens dirigèrent leurs principales forces du côté de Grand-Couronne pour reprendre les deux postes de Château-Robert et de Maison-Brûlée, et que les troupes lancées sur Orival et Pont-de-l'Arche ne devaient qu'opérer une diversion et contenir momentanément la colonne du commandant de Montgolfier, ce qui explique la faiblesse de leurs attaques de ce côté. Leur plan était, après s'être emparés des deux postes principaux du Château-Robert et avoir écrasé la première colonne, de se rabattre sur les derrières de la deuxième et de l'envelopper; c'est là l'induction que l'on peut tirer de leur marche sur Bourgtheroulde, dont ils s'emparèrent presque sans résistance vers neuf heures du matin. Si ce plan eût réussi, cette deuxième colonne était en effet complètement perdue;

mais les prussiens n'avaient compté ni sur la vigoureuse résistance qu'ils trouvèrent à Château-Robert, gardé par 1,500 hommes, avec une réserve égale à Maison-Brûlée, ni sur le secours que nous reçûmes de la batterie de 6 pièces de 12, arrivée un peu plus tard, et dont ils ne connaissaient pas l'existence.

L'ennemi, quatre ou cinq fois plus nombreux que nous, devait nécessairement s'attendre à nous enlever Château-Robert par un coup de main et à nous forcer à une retraite précipitée; mais ils n'avaient pas compté sur la solidité de nos troupes qui ne cédèrent le terrain que pied à pied jusqu'à huit heures du matin, ni sur la résistance opiniâtre qu'ils rencontrèrent à Maison-Brû-lée. Les pertes énormes qu'ils éprouvèrent en officiers et la blessure mortelle de leur général en chef les forcè-rent probablement à s'arrêter et à ne pas nous pour-suivre. Peut-être aussi songèrent-ils à exécuter de préfé-rence sur Bourgtheroulde et Orival le mouvement com-biné qui, comme nous l'avons déjà dit, devait entrer dans leur programme du jour. De plus, ils durent atten-dre longtemps l'arrivée de leur nombreuse artillerie, arrêtée par la forte coupure et par tous les obstacles créés par nous sur la route de Grand-Couronne, sous Château-Robert, obstacles qu'ils ne purent franchir qu'après onze heures du matin.

Devenu maître de nos positions, l'ennemi s'arrêta donc par suite de toutes ces circonstances et sembla s'organiser à Maison-Brûlée pour s'y réinstaller de nou-veau solidement. Sa nombreuse cavalerie, égarée dans la forêt de la Londe et arrêtée dans sa marche de nuit par le verglas et les tranchées du chemin de fer, n'avait pas encore paru.

Profitant de cette suspension d'armes tacite, le colonel avait pu faire venir la batterie de 12 qui avait chômé toute la matinée à Bourgachard, et organiser à l'aide de ce puissant auxiliaire le retour offensif qu'il exécuta à onze heures sur Maison-Brûlée. Surpris par cette attaque aussi vive qu'inattendue, les prussiens furent un instant refoulés en arrière et ils durent se croire cette fois aux prises avec la gauche de l'armée de la Loire. Cette considération, si elle ne réussit pas complétement à dissuader l'ennemi de nous poursuivre, l'empêcha très-certainement de compléter l'exécution de son plan d'attaque et permit à la colonne d'Orival, en opérant sa retraite pendant la nuit, d'échapper ainsi à une perte inévitable.

Un rapport circonstancié sur les opérations et les résultats de la journée du 4 janvier, fut adressé au ministre de la guerre par le lieutenant-colonel Thomas. Le général Roy en envoya, de son côté, un autre, que son absence et son ignorance des faits rendaient incomplet, et dans lequel il cherchait à justifier son insuccès aux dépens d'autrui; mais le ministre, justement surpris des sensibles contradictions que présentaient ces deux rapports, rendant d'autre part justice à celui du colonel Thomas, donna immédiatement le commandement supérieur des troupes de l'Eure et du Calvados à M. le général Saussier, de l'armée régulière. Le général Roy fut éloigné pendant quelque temps du corps d'armée à un titre quelconque, et ne reparut que pendant l'armistice comme général de brigade.

Le 7 janvier, les deux premiers bataillons de la Mobile de l'Ardèche réunis à Pont-l'Evêque, quittèrent cette place pour aller à Brionne, où ils arrivèrent le même jour par la voie ferrée, et où se réunirent toutes les troupes du corps d'observation de l'Eure, y compris notre 3e bataillon, qui avait été séparé des deux autres depuis quelque temps. Le général Saussier qui vint prendre le commandement des troupes, les distribua le long de la vallée de la Risle, qu'il fit occuper comme ligne de défense. Il divisa son corps d'armée en deux brigades dont la 1re fut commandée par le lieutenant-colonel Thomas, pendant l'absence du général Roy, et la 2e par le colonel de Gouyon, commandant les mobilisés du Calvados.

A partir de ce moment, les deux brigades formèrent la troisième division du 19e corps d'armée de la Loire, sous le commandement du général Dargent, qui avait son quartier général à Argentan. Plus tard, la division fut détachée du 19e corps pour faire partie de l'armée de Bretagne.

Le 13 janvier, la ligne de défense de la Risle fut reportée en arrière sur la vallée de Toucque. Les trois bataillons de l'Ardèche furent envoyés à Lisieux et occupèrent diverses positions avantageuses en avant de la ville, dont tous les abords avaient été préparés pour une bonne résistance, grâce aux nombreux travaux exécutés par les soins de la commission départementale de défense du Calvados.

Le 15 janvier, on se porta encore en arrière de la ligne de la Toucque, pour occuper celle de la vallée de la Dive, où nos bataillons prirent séparément divers cantonnements couvrant Mizidon et Caen, jusqu'à Falaise et Vire.

Le général Saussier, commandant la division, appelé à un commandement en Algérie, nous quitta d'urgence à Vire en donnant les meilleurs témoignages de satisfaction aux bataillons de la mobile de l'Ardèche.

Pendant l'armistice, les troupes reçurent enfin les capotes dont elles avaient été privées pendant les sept mois qu'elles venaient de passer en campagne toujours aux avant-postes; elles reçurent également le complément des effets de campement qu'elles avaient perdus le 4 janvier. Nous profitâmes de ces quelques jours pour les exercer aux manœuvres de l'école de peloton et de l'école de bataillon et pour les tenir prêtes en cas de reprise des hostilités, lorsque la conclusion de la paix désastreuse que nous imposaient les circonstances nous fut notifiée.

Le général Roy, qui avait reçu du général Saussier le commandement de la division, fut licencié le même jour avec tous les mobilisés, mais il dut conserver son commandement jusqu'au licenciement des troupes de la mobile, qui devait s'opérer à Caen.

Nos trois bataillons furent concentrés le 10 mars dans cette même ville, ou cantonnés dans les environs, et reçurent enfin l'ordre de rentrer dans leur département. Après avoir été désarmés, ils partirent à pied successivement, par ordre de numéro, les 23, 24 et 25 mars pour se rendre à Bourges, où ils prirent le chemin de fer jusque dans l'Ardèche, et rentrèrent tous les trois au chef-lieu de leur arrondissement respectif, le 10 avril, après cinq mois et demi passés devant l'ennemi.

Les pertes totales pour les trois bataillons, pendant toute la campagne, ont été de :

$$
\text{Officiers.} \begin{cases} \text{Tués} \dots \dots 2 \\ \text{Blessés.} \dots \dots 1 \\ \text{Prisonniers ou disparus } 7 \end{cases} 10
$$

$$
\text{Troupe.} \begin{cases} \text{Tués} \dots \dots 33 \\ \text{Blessés} \dots \dots 101 \\ \text{Prisonniers ou disparus } 221 \end{cases} 355
$$

365

Pendant cette mémorable campagne, faite par des troupes de nouvelle formation, le corps d'officiers et les mobiles de l'Ardèche se montrèrent en toute circonstance à la hauteur du dévoûment et des services que la patrie pouvait attendre d'eux; courage, énergie, discipline, abnégation, aucune enfin des vertus et des qualités militaires ne leur a fait défaut, malgré les rigueurs de l'hiver et les privations de toute sorte qu'ils ont eu à supporter presque constamment, et trop souvent au milieu de populations rurales hostiles ou opposées à la défense de leur pays et accueillant l'ennemi mieux qu'elles ne nous accueillaient nous-mêmes.

Le lieutenant-colonel Thomas a témoigné sa satisfaction à tous ses braves compagnons d'armes dans l'ordre du jour suivant qu'il leur a adressé à Caen :

« Officiers, Sous-Officiers et Mobiles de l'Ardèche,

« Au moment de la dispersion de notre beau régi-
« ment, il est de mon devoir de vous faire mes adieux
« et de vous remercier au nom de la patrie, de vos bons
« et excellents services pendant la campagne qui vient
« de finir.

« Au milieu d'un hiver des plus rigoureux et de pri-
« vations sans nombre, vous avez maintenu une disci-
« pline exemplaire pour de jeunes soldats. L'ennemi
« s'est chargé lui-même d'établir la gloire que vous
« avez acquise dans les différents combats d'Hécourt,
« Bizy, Mollu, Orival, Château-Robert et Maison-Brûlée,
« en vous signalant comme une des troupes les plus
« sérieuses qu'il ait eu à combattre. Il ne parle
« surtout qu'avec terreur des sanglants épisodes de la
« journée du 4 janvier, qui, malgré la perte de nos posi-
« tions, n'en restent pas moins des titres de gloire pour
« nous, d'avoir pu lutter pendant tout une journée
« contre des forces quatre ou cinq fois plus nombreuses
« que les nôtres.

« Il est profondément douloureux que votre énergique
« concours n'ait pas abouti comme nous l'espérions
« d'abord à délivrer notre chère France de ses cruels
« envahisseurs, et d'être obligés de regagner nos foyers
« au milieu de la patrie en deuil ; mais espérons que

« des jours meilleurs luiront bientôt et que celui de la
« vengeance ne se fera pas attendre. Vous serez fiers,
« je n'en doute pas, de prêter de nouveau votre vail-
« lant concours à la patrie, lorsque cet heureux jour
« sera venu, tout comme je serai heureux et fier de me
« trouver encore à votre tête.

« Un précis historique de notre campagne, que je me
« propose de faire imprimer, vous rappellera vos glo-
« rieux faits d'armes et les noms de nos camarades
« morts au champ d'honneur.

« En attendant, unissons nos cœurs pour louer et
« honorer tous nos braves compagnons d'armes tombés
« sur nos divers champs de bataille.

« Je ne vous dis pas adieu, mais au revoir, et vous
« salue tous avec ce cri du cœur :

« Vive la Mobile de l'Ardèche et que Dieu protége la
« France !

M. le chef du pouvoir exécutif et M. le ministre de la
guerre ont hautement témoigné leur satisfaction en
faveur des Mobiles de l'Ardèche, par les récompenses
qu'ils leur ont accordées dans l'Ordre National de la
Légion-d'Honneur.

Ainsi, les trois chefs de bataillon, MM. de Guibert,
Bertrand et de Montgolfier ont reçu la croix d'officier;
neuf capitaines ou lieutenants et six sous-officiers ou
caporaux ont reçu la croix de chevalier, et quinze sous-
officiers, caporaux ou mobiles, la médaille militaire.

L'état des propositions pour les récompenses a été malheureusement trop limité par M. le général Saussier, commandant la division, d'après les recommandations du ministre de la guerre. Mais des états supplémentaires adressés à ce dernier par le lieutenant - colonel, lui font espérer que les nobles dévouements qu'il lui a signalés recevront bientôt leur part de satisfaction. Ainsi pourront être dignement récompensés les bons sentiments et les généreux dévouements inspirés à nos braves Mobiles de l'Ardèche, par leur ardent amour de la patrie et la haine qui les anime contre nos cruels et implacables ennemis.

Largentière, le 1er décembre 1871.

CONSEIL GÉNÉRAL DE L'ARDÈCHE.

Séance du 6 novembre 1871.

DISCOURS PRONONCÉ PAR M. LE COMTE RAMPON

DÉPUTÉ A L'ASSEMBLÉE NATIONALE

PRÉSIDENT DU CONSEIL GÉNÉRAL DE L'ARDÈCHE.

Messieurs,

J'ai l'honneur de vous soumettre une proposition qui réunira, sans aucun doute, l'assentiment unanime du Conseil général, mais lui rappellera de biens tristes souvenirs. Après des désastres inouis, la France avait voulu, par un suprême effort, délivrer la patrie foulée par l'étranger. Nous avons tous vu partir nos jeunes mobiles, commandés par des officiers sans expérience; mal vêtus, mal armés, ils venaient de donner le dernier adieu à leurs familles éplorées. Et cependant ils partaient le cœur joyeux, parce qu'ils n'avaient qu'une pensée, que nous avions tous, sauver la France!

Après quelque temps d'un dur apprentissage des armes, ces enfants de l'Ardèche sont devenus de vrais soldats, leurs jeunes officiers, de vrais officiers, et quelques-uns sont tombés en héros sur les champs de bataille.

En Normandie, l'on se souviendra toujours des Mobiles de l'Ardèche. Quelques-uns de mes collègues m'ont parlé avec enthousiasme de leur courage, de leur patriotisme, et l'un d'eux me disait il y a quelques jours : Ah ! si tous avaient fait leur devoir comme eux, peut-être la France eut-elle pu être sauvée.

Si quelques-uns de vous, mes chers collègues, appelés par leurs affaires ou leurs plaisirs à traverser les départements où tant de sang généreux a été versé, ils pourraient voir dans un bonne ville, une modeste avenue, grande par le souvenir, s'appelant *Avenue de l'Ardèche*, témoignage éclatant de l'admiration et de la reconnaissance des populations. Écrasés par le nombre, ils n'ont pu réussir, la France devait succomber. Malheureux, mais non vaincus, ils sont revenus la tristesse dans le cœur, mais non découragés, parce qu'ils conservaient l'espoir dans l'avenir.

De ces braves enfants, beaucoup sont restés ensevelis dans une terre amie, mais éloignée, et aucun monument ne rappelle encore leur héroïque souvenir.

Le Conseil doit aux habitants de l'Ardèche, il se doit à lui-même de consacrer leur mémoire. Il existe dans l'Hôtel de la Préfecture une salle où se trouvent déjà deux bas-reliefs rappelant de magnifiques souvenirs de la première République. L'un de ces bas-reliefs représente 1,200 ardéchois défendant, sous la conduite de leur chef (1), un ardéchois comme eux, la redoute de Montelegino, inaugurant en rendant possible, par cette

(1) M. le colonel Rampon.

héroïque défense, la série de nos triomphes en Italie. En face de ce bas-relief, dont tous nous sommes fiers et qui me rappelle à moi-même des souvenirs bien chers, se trouve celui où Boissy-d'Anglas résiste courageusement à l'invasion de l'Assemblée et salue, au péril de sa vie, la tête de son ami Feraud qu'on lui présente au bout d'une pique, donnant ainsi l'exemple du plus admirable courage civique, supérieur peut-être au courage militaire, et se faisant un nom que nous, ardéchois, nous ne saurions entendre prononcer aujourd'hui sans tressaillir d'orgueil.

C'est dans cette salle, Messieurs, illustrée par ces admirables souvenirs, que je vous propose d'élever un monument aux Mobiles de l'Ardèche. Sur un marbre funéraire seraient gravés les noms de ceux qui sont morts pour la patrie.

Morts et vivants auraient ensemble, pour consacrer le courage de tous, cette inscription :

Les enfants de l'Ardèche ont bien mérité de la Patrie.

. . . .

Ces paroles, que le Conseil regrettera de ne pas retrouver entièrement textuelles dans ce procès-verbal, avec leur accentuation énergique, ardente et émue, sont accueillies par des applaudissements unanimes et chaleureux.

Le Conseil adopte cette proposition.

LETTRE DE M. DESTREMX

DÉPUTÉ DE L'ARDÈCHE A L'ASSEMBLÉE NATIONALE
AUX JOURNAUX DU DÉPARTEMENT.

C'est avec un légitime orgueil que j'ai pris connaissance de la délibération du conseil municipal de Vernon, qui donne le nom de l'Ardèche à l'une de ses avenues, pour perpétuer le souvenir de la bravoure et de la belle conduite des bataillons des mobiles de notre département, pendant leur séjour dans cette ville.

Dans la séance du 1er mai, j'ai dû prendre, à la tribune de l'Assemblée nationale, la défense des mobiles du Gard qui avaient été l'objet d'attaques injustes et malveillantes. Je ne voulais pas descendre de la tribune sans faire l'éloge des mobiles de l'Ardèche, mais l'Assemblée, impatiente d'en finir sur un incident qui lui semblait épuisé et craignant que chaque département ne voulût à son tour faire l'éloge de ses mobiles, ne m'a pas permis de continuer.

J'aurais cependant voulu dire combien les représentants de l'Ardèche étaient fiers de cette patriotique jeunesse dont les glorieux états de service, pendant plus de cinq mois passés devant l'ennemi, au milieu d'un hiver exceptionnel, ont été constatés par le témoignage des habitants de l'Eure, par le récit des feuilles publiques, par les rapports officiels de leurs chefs.

Les combats d'Hécourt, de Mollu, d'Orival et de Château-Robert ont témoigné de leur valeur, et dans ce dernier combat, qui, au dire des prussiens eux-mêmes, *a marqué une de leurs journées les plus néfastes*, nos bataillons ont perdu 354 hommes dont 6 officiers.

Le souvenir de ces faits d'armes doit être religieusement conservé, le nom de tous ceux qui sont morts au champ d'honneur et même celui de tous ceux qui ont fait cette triste campagne doit être inscrit sur des tables de marbre.

Un modeste monument pourrait même être élevé par une souscription populaire, au chef-lieu du département, pour consacrer le patriotisme de ses enfants et en transmettre le souvenir à la postérité.

D'ailleurs, cette date funeste de l'invasion allemande doit être gravée en caractères ineffaçables pour nous servir de leçon et comme *memento* d'une revendication qu'une génération doit transmettre à la suivante jusqu'à ce qu'une éclatante revanche nous ait relevés de notre abaissement.

L. DESTREMX, *député de l'Ardèche.*

Versailles, 18 mai 1871.

CONTROLE

MM. **THOMAS,** lieutenant-colonel commandant le régiment.

DUCLAUX - MONTEIL, lieutenant, officier d'ordonnance.

1er BATAILLON.

MM. **De Guibert**, chef de bataillon.

FARGIER-LAGRANGE, médecin aide-major.

L'Abbé RAIMBAUD, aumônier.

Ire COMPAGNIE.

DE MONTRAVEL, capitaine. *Fait prisonnier de guerre.*

CHANALEILLES, capitaine.

LEYDIER, lieutenant. *Tué le 26 novembre 1870.*

ROUVIER, lieutenant, *officier de détail.*

DE MISSOLZ, sous-lieutenant.

2e COMPAGNIE.

BOURRET, capitaine. *Démissionnaire.*

SALARD, capitaine.

CHOLVY, lieutenant.

FAURITE, sous-lieutenant.

6

MM. SUGIER, capitaine.

PONTIER, lieutenant, *officier payeur*.

DE PAZANAN (Louis), sous-lieutenant.

4ᵉ COMPAGNIE.

TIRAND, capitaine.

BLACHÈRE, lieutenant.

VERNET, sous-lieutenant. *Fait prisonnier de guerre*.

DUMAS, sous-lieutenant.

5ᵉ COMPAGNIE.

DOUSSON, capitaine.

DE TROUILLOUD, lieutenant, *faisant fonctions d'adjudant-major*.

CASSAGNE, sous-lieutenant.

6ᵉ COMPAGNIE

MAIGRON (Paul), capitaine.

LAURIOL, lieutenant.

MAIGRON (Emile), sous-lieutenant.

7ᵉ COMPAGNIE.

TOURNAIRE, capitaine.

DUCLAUX - MONTEIL, lieutenant, *faisant fonctions d'officier d'ordonnance*.

COLOMB (Emile), sous-lieutenant.

2ᵉ BATAILLON.

MM. Bertrand, chef de bataillon.

LADREYT DE LACHARRIÈRE, lieutenant adjudant-major.

DUFOUR, chirurgien aide-major.

L'Abbé ARMAND, aumônier.

Iʳᵉ COMPAGNIE.

JAMMES, capitaine. *Fait prisonnier de guerre.*

BOUSQUAINAUD, capitaine.

DUBOIS, lieutenant, *officier payeur.*

DE PAZANAN (Charles), sous-lieutenant.

2ᵉ COMPAGNIE.

GATINOT, capitaine.

DE BALESTRIER, lieutenant.

BERCHON, s.-lieutenant. *Fait prisonnier de guerre.*

GAUCHERAND, sous-lieutenant.

3ᵉ COMPAGNIE.

ACHARD, capitaine.

LADREYT DE LACHARRIÈRE, lieutenant, *faisant fonctions d'adjudant-major.*

LABEAUME, s.-lieutenant. *Fait prisonnier de guerre.*

RIBES, sous-lieutenant.

4ᵉ COMPAGNIE.

DE MIRAVAL, capitaine.

BOYREL, lieutenant.

BREZZY, sous-lieutenant, *officier de détail.*

5ᵉ COMPAGNIE.

MM. **MURET**, capitaine. *Disparu le 4 janvier* 1871.
VINTENON, lieutenant.
FAYOL, sous-lieutenant.

6ᵉ COMPAGNIE.

LADREYT DE LACHARRIÈRE, capitaine.
DAUTHEVILLE, lieutenant. *Fait prisonnier de guerre.*
DE MARCILLY, lieutenant.
BOISSEAU, sous-lieutenant.

7ᵉ COMPAGNIE.

SONIER-LABOISSIÈRE, capitaine.
DURAND, lieutenant.
MAYAUD, sous-lieutenant.

3ᵉ BATAILLON.

MM. **De Montgolfier**, chef de bataillon.
DE TOURNON-SIMIANE, lieutenant adjudant-major.
CHOMEL, médecin aide-major.
L'Abbé DU SERS, aumônier.

Iʳᵉ COMPAGNIE.

DE LA LOMBARDIÈRE DE CANSON, capitaine.
FRACHON (Gabriel), lieutenant.
DE LESTRANGE, sous-lieutenant.

2ᵉ COMPAGNIE.

MM. Taupenas, capitaine.
De Missolz (Auguste), lieutenant.
Chapuis, sous-lieutenant.

3ᵉ COMPAGNIE.

Reboulet, capitaine.
De Montgolfier (Joseph), lieutenant.
Dagrève, sous-lieutenant.

4ᵉ COMPAGNIE.

Couturier, capitaine.
Seguin (Louis), lieutenant.
De Chazotte, sous-lieutenant.

5ᵉ COMPAGNIE.

Luce-Catinot, capitaine.
Liébert, lieutenant.
Lioud, sous-lieutenant, *officier de détail*.

6ᵉ COMPAGNIE.

Rouveure, capitaine. *Tué le 26 novembre* 1870.
L'hotelier, capitaine, *officier payeur*.
Vachon de Lestra, lieutenant.
Seguin (Etienne), sous-lieutenant.

7ᵉ COMPAGNIE.

Frachon (Alfred), capitaine.
Charrière, lieutenant.
Chalamet, sous-lieutenant.

CADRES DES TROIS COMPAGNIES DE DÉPOT
RESTÉES A PRIVAS.

—

1er BATAILLON

MM. De Gigord, capitaine.
Colomb (Arthur), lieutenant.
Sautel, sous-lieutenant.

2e BATAILLON

Latune, capitaine.
Du Bay, lieutenant.
Labeaume (Armand), sous-lieutenant.

3e BATAILLON

Robin, capitaine.
De Montgolfier (Emile), lieutenant.
Chomel, sous-lieutenant.

ÉTAT nominatif des Officiers, Sous-Officiers et Soldats perdus pendant la campagne.

NOTA. — Cet état est très-incomplet en raison de l'absence de renseignements suffisants sur la position d'un grand nombre d'hommes supposés morts sur le champ de bataille, ou qui sont encore dans les hôpitaux ou retenus prisonniers en Allemagne.

I° OFFICIERS.

MM. ROUVEURE, capitaine commandant la 6e compagnie du 3e bataillon, tué au combat de Mollu le 26 novembre 1870.

LEYDIER, lieutenant à la 1re compagnie du 1er bataillon, tué au combat de Mollu le 26 novembre 1870.

DE MONTRAVEL, capitaine commandant la 1re compagnie du 1er bataillon, fait prisonnier de guerre à Château-Robert, le 4 janvier 1871.

JAMMES, capitaine commandant la 1re compagnie du 2e bataillon, fait prisonnier à Château-Robert le 4 janvier 1871.

VERNET, lieutenant à la 4e compagnie du 1er bataillon, fait prisonnier à Château-Robert le 4 janvier 1871.

DAUTHEVILLE, lieutenant à la 6e compagnie du 2e bataillon, fait prisonnier à Château-Robert le 4 janvier 1871.

MM. Berchon, sous-lieutenant à la 2ᵉ compagnie du 2ᵉ
bataillon, fait prisonnier à Château-Robert le 4
janvier 1871.

Labeaume, sous-lieutenant à la 3ᵉ compagnie du 2ᵉ
bataillon, fait prisonnier à Château-Robert le 4
janvier 1871.

L'Abbé Armand, aumônier du 2ᵉ bataillon, fait
prisonnier à Château-Robert le 4 janvier, rendu
par les prussiens trois jours après.

2° TROUPE.

1ᵉʳ BATAILLON.

Cortial, garde mobile à la 1ʳᵉ compagnie, tué le
26 novembre 1870.

Bonnefoi, garde mobile à la 1ʳᵉ compagnie, blessé
le 26 novembre, mort le 29.

Forestier, garde mobile à la 3ᵉ compagnie, blessé
le 26 novembre, mort le 29.

Bezal, caporal à la 1ʳᵉ compagnie, tué le 4 janvier
1871.

Vedel, garde mobile à la 4ᵉ compagnie, tué le 4
janvier 1871.

Jauffrès, garde mobile à la 7ᵉ compagnie, tué le
4 janvier 1871.

Conrozier, garde mobile à la 7ᵉ compagnie, tué le
4 janvier 1871.

Plus 21 hommes blessés et 31 prisonniers ou disparus.

MM. TRACOL, garde mobile à la 5ᵉ compagnie, tué le 26 novembre 1870.

CROUZET, garde mobile à la 5ᵉ compagnie, blessé le 26 novembre, mort le 28.

COURTIAL, garde mobile à la 1ʳᵉ compagnie, tué le 4 janvier 1871.

BACCONNIER, garde mobile à la 1ʳᵉ compagnie, tué le 4 janvier 1871.

MOULIN, garde mobile à la 1ʳᵉ compagnie, tué le 4 janvier 1871.

BAY, garde mobile à la 1ʳᵉ compagnie, tué le 4 janvier 1871.

ESCHALIER, garde mobile à la 2ᵉ compagnie, tué le 4 janvier 1871.

JARNIAC, garde mobile à la 3ᵉ compagnie, tué le 4 janvier 1871.

COLONGE, garde mobile à la 3ᵉ compagnie, tué le 4 janvier 1871.

FARGIER, garde mobile à la 4ᵉ compagnie, tué le 4 janvier 1871.

LAURENT, garde mobile à la 4ᵉ compagnie, tué le 4 janvier 1871.

LASCOMBE, garde mobile à la 4ᵉ compagnie, tué le 4 janvier 1871.

CHAUSSIGNON, garde mobile à la 4ᵉ compagnie, tué le 4 janvier 1871.

GARNIER, garde mobile à la 4ᵉ compagnie, tué le 4 janvier 1871.

MM. Chauvet, garde mobile à la 5ᵉ compagnie, tué le 4 janvier 1871.

Giraud, garde mobile à la 6ᵉ compagnie, tué le 4 janvier 1871.

Vernet, garde mobile à la 6ᵉ compagnie, tué le 4 janvier 1871.

Riaux, garde mobile à la 6ᵉ compagnie, tué le 4 janvier 1871.

Plus 40 hommes blessés et 131 prisonniers ou disparus.

3ᵉ BATAILLON.

Brias, garde mobile à la 1ʳᵉ compagnie, tué le 22 novembre 1870.

Pourrat, garde mobile à la 1ʳᵉ compagnie, tué le 22 novembre 1870.

Béal, garde mobile à la 3ᵉ compagnie, blessé le 26 novembre, mort le 30.

Morel, garde mobile à la 4ᵉ compagnie, tué le 26 novembre 1870.

Battendier, garde mobile à la 6ᵉ compagnie, tué le 22 octobre 1870.

Chatelet, garde mobile à la 6ᵉ compagnie, tué le 4 janvier 1871.

Plus 33 hommes blessés et 60 prisonniers ou disparus.

ÉTAT nominatif des Officiers, Sous-Officiers et Soldats qui ont reçu des récompenses à suite des propositions faites pendant la campagne.

1° — PROMUS AU GRADE D'OFFICIER DE LA LÉGION-D'HONNEUR.

MM. De Guibert, commandant du 1er bataillon (chevalier du 29 décembre 1860).

Bertrand, commandant du 2e bataillon (chevalier du 5 septembre 1841).

De Montgolfier, commandant du 3e bataillon (chevalier du 15 août 1863).

2° NOMMÉS AU GRADE DE CHEVALIER DE LA LÉGION-D'HONNEUR.

MM. De Montravel, capitaine à la 1re compagnie du 1er bataillon.

Tirant, capitaine à la 4e compagnie du 1er bataillon.

Tournaire, capitaine à la 7e compagnie du 1er bataillon.

De Miraval, capitaine à la 4e compagnie du 2e bataillon.

Sonier-Laboissière, capitaine à la 7e compagnie du 2e bataillon.

De la Grandière de Canson, capitaine à la 1re compagnie du 3e bataillon.

MM. ROUVIER, lieutenant à la 4e compagnie du 1er bataillon.

DE LACHARRIÈRE, lieutenant à la 3e compagnie du 2e bataillon.

DE TOURNON-SIMIANE, lieutenant, adjudant-major au 3e bataillon.

CHAMPEYRACHE, sergent-major à la 1re compagnie du 2e bataillon.

SEYBEL, sergent à la 2e compagnie du 2e bataillon.

BIENNIER, sergent à la 1re compagnie du 3e bataillon.

CHARAVIL, sergent à la 3e compagnie du 2e bataillon.

ASTIER, caporal à la 1re compagnie du 2e bataillon.

JULIEN, caporal à la 3e compagnie du 3e bataillon.

3° DÉCORÉS DE LA MÉDAILLE MILITAIRE.

MM. MATHIEU, sergent-major à la 7e compagnie du 1er bataillon.

FREYDIER, sergent-major à la 5e compagnie du 2e bataillon.

FUGIER, sergent-major à la 4e compagnie du 2e bataillon.

BELLE, sergent-major à la 6e compagnie du 3e bataillon.

TOURNAIRE, sergent à la 3e compagnie du 1er bataillon.

CANAUD, sergent à la 3e compagnie du 3e bataillon.

FRANCE, sergent à la   ^e compagnie du 3e bataillon.

MM. VIDON, sergent à la ᵉ compagnie du 3ᵉ bataillon.

VÉRILHAC, sergent à la 4ᵉ compagnie du 3ᵉ bataillon.

VOLLE, caporal à la 1ʳᵉ compagnie du 3ᵉ bataillon.

DUBOIS, caporal à la 4ᵉ compagnie du 2ᵉ bataillon.

BARRY, garde mobile à la ᵉ compagnie du 1ᵉʳ bataillon.

VINCENT, garde mobile à la 4ᵉ compagnie du 1ᵉʳ bataillon.

BOURRET, garde mobile à la ᵉ compagnie du 1ᵉʳ
bataillon.

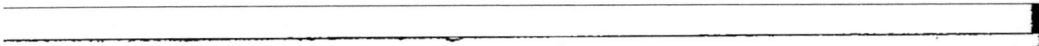

www.ingramcontent.com/pod-product-compliance
Lightning Source LLC
Chambersburg PA
CBHW060642100426
42744CB00008B/1726